Friedrich Bertheau

**Fünf Briefe über Marx an Herrn Dr. Julius Wolf,**

Professor der Nationalökonomie in Zürich

Friedrich Bertheau

**Fünf Briefe über Marx an Herrn Dr. Julius Wolf,**
*Professor der Nationalökonomie in Zürich*

ISBN/EAN: 9783743639485

Hergestellt in Europa, USA, Kanada, Australien, Japan

Cover: Foto ©ninafisch / pixelio.de

Weitere Bücher finden Sie auf **www.hansebooks.com**

# Fünf Briefe

## über Marx

an

### Herrn Dr. Julius Wolf,
Professor der Nationalökonomie in Zürich,

von

### Friedrich Bertheau,
Baumwollspinner in Zürich.

---

Jena,
Verlag von Gustav Fischer.
1895.

## Ein Wort des „Adressaten".

Herr Friedrich Bertheau hat mir die vorliegende Schrift in den Aushängebogen zugesandt. Da sie unter den wenigen Arbeiten, die zur Kritik von Marx bisher erschienen sind, vermutlich einen bedeutenden Platz einnehmen wird, konnte ich mich ihrer nur in hohem Grade freuen. Nicht leicht wird ein volkswirtschaftlicher Schriftsteller auf eine in 40 jähriger industrieller Wirksamkeit gesammelte Erfahrung hinweisen können, wie der Verfasser dieser Schrift. Nicht leicht ein Mann der Praxis in seinen alten Tagen das Studium des Marx aufnehmen. Immerhin, wenn ich an dieser Stelle das Wort ergreife, so geschieht es nicht, um der Schrift das Geleite zu geben, — unparteiischen Beurteilern gegenüber bedarf sie dessen nicht, in der sozialistischen Presse und einigen Fachzeitschriften ist sie, da sie mit meinem Namen verknüpft ist, von vornherein ungnädigster Aufnahme, der Verdrehung, des Unverständnisses, kritischer Unwürdigkeit jeder Art gewiß; — ein Geleitwort von mir hätte also keinen Wert, vor diesen bloß an meine Adresse gerichteten Briefen überdies wohl keinen Sinn. Ich spreche an diesem Orte denn auch nicht in Sachen der Schrift, sondern in meinem Namen. Ich ergreife diese Gelegenheit, um Herrn Fr. Engels, dem Mitarbeiter von Marx und heute bevorzugten Propheten der sozialistischen Weltgemeinde, ungefähr in dem Tone, in welchem es aus dem Walde herausschallt und der sonst der meine nicht ist, Antwort auf einen jüngst in Ausübung seines Amtes gegen mich verübten heftigen Ausfall zu geben. Engels hat mir an einer Stelle, die jedem Marxisten und allen, die es werden wollen, bekannt ist, Unterstellungen gemacht, ~~für~~ welche ich, wenn ich nicht bis dahin von dem „Charakter" Engels eine bessere Meinung gehabt hätte, mir nur durch Zuhülfenahme des Sprüchworts: „Wie der Schelm ist, so denkt er" erklären könnte. Aber Engels ist hier blind. Ich hatte Mühe, als ich es las, die Insinuation, um die es sich im letzten Grunde handelt, zu verstehen. Nachdem ich sie verstanden, weise ich sie mit Entrüstung und Unwillen zurück. Sie wäre erbärmlich, hätte Engels nicht in der Welt, in der er „lebt und webt", bis auf den Grund verlernt, die Worte des Gegners zu lesen und nach ihrem wahren Inhalt auszulegen.

Im übrigen, wenn es Engels beliebt, mit fröhlicher Genugtuung von „Blamagen" zu sprechen, die ich mir geholt haben solle[1]) (ob er hier nicht etwas sehr durch die sozialistische Brille sieht und den Wunsch Vater des Gedankens sein läßt?!), so bitte ich ihn, doch die Blamagen nicht in den Wind zu schlagen, die er — im Verein mit Marx — sich ganz unzweifelhaft und Jedem sichtbar im Laufe

---

[1]) Vermutlich denkt er an mein „System der Sozialpolitik", das allerdings ganz systematisch und von verschiedenen Seiten her in den Kot gezogen worden ist und über welches, — des bekannteren Urteils von Roscher nicht zu gedenken, ein auch vom Sozialismus anerkannter Autor, Lexis in Göttingen äußert, es „treffe jedenfalls" die Marx'sche Lehre, wie sie sich als eroterisch „thatsächlich in der sozialdemokratischen Agitation gestaltet hat und wie sie allein praktisch wirkungsfähig" ist\*) („da philologische Textstudien über das „Kapital" doch nicht zur treibenden Kraft für eine Massenbewegung werden können"). Es hat also „getroffen". Und damit ist alles erklärt: Hinc illae lacrimae, hinc die „Blamage".

Man vergleiche im übrigen auch das letzte Sätzchen der Lexis'schen Äußerung, das seine Anwendung auf die von mir gern preisgegebene Lösung des Rätsels der Durchschnittsprofitrate zuläßt, eine Lösung, die ich schon vor Engels für zweifelhaft, aber gleichzeitig für bedeutungslos genug hielt, um sie in meinem Buche nicht einmal zu zitieren.

---

\*) Die Worte von mir unterstrichen.

der Zeit geholt h a t; beispielweise zu vergleichen die ungeheuerlichen Prophetien, die er und Marx seit den Vierzigerjahren mit sicher unüberbietbarer Kühnheit zum besten gaben, mit jenen davon, die eingetroffen sind; oder zu vergleichen die in diesen Briefen hier nachgewiesenen gröblichen Übertreibungen, Naivitäten, Leichtfertigkeiten, nach sozialistischer Terminologie „Fälschungen", die sich im klassischen Buche des Sozialismus, im „Kapital" von Marx, und zwar auch in jener Auflage desselben, von welcher, bevor sie in die Welt ging, niemand anders als Engels erklärte, sorgfältig sei alles revidirt, die litterarische Zuverlässigkeit von Marx sei nun unanfechtbar, finden; bitte ihn, oder hier nicht ihn, aber jeden unparteiischen Mann, zu vergleichen das ungeheure Mißverständnis und die Verdrehung, die nach seinem Urtheil die Gesetze der ganzen bürgerlichen Welt durch Marx und Engels erfahren haben, mit den Mißverständnissen, denen ich nach Engels' Urtheil bei Betrachtung der sozialistischen Theorie verfallen bin.

Ich bekenne gern: je mehr ich mich mit Marx beschäftige, desto klarer wird mir, daß ein mit gesundem Menschenverstande und Sinn für die Wirklichkeit begabter Mensch kaum je hoffen kann, Marx ganz in sich aufzunehmen. Dazu gehört so gänzliche Unschuld, Unberührtheit von und Unvertrautheit mit den wirklichen Thatbeständen, Maßverhältnissen und Agentien der Volkswirtschaft, daß nur jemand, dessen stets und vielfach wiederholtes Studium Marx und wieder Marx ist, der bei Marx anfängt und bei Marx aufhört, ihn sich auch völlig zu eigen machen wird. Denn Marx ist ein ungeheures Sophisma in drei dicken Bänden, die wahnsinnigste Verballhornung, welche die wirtschaftliche Welt jemals erfahren hat. Der Umstand, daß heute Tausende und Millionen gläubig hinter dem Buche stehen und ihm als Offenbarung göttliche Verehrung zollen, beweist gar nichts. Sie stehen hinter ihm, weil ihr Gefühl sie dahin treibt, weil keine andere Partei als die der Marxisten sich voll und ganz und ausschließlich in ihren Dienst, stellt. Eine Wunderleistung des menschlichen Geistes, menschlichen Abstraktionsvermögens, unmenschlicher Rabulistik — wohl, das ist das Buch. Ein getreues theoretisches Bild aber der Wirklichkeit und ihrer Kräfte, Kraftzusammenhänge und Entwicklungskeime — niemals. Die Zeit wird kommen — wenn nicht heute, so in zehn Jahren, wenn dann nicht, so in fünfzig —, die richten wird darüber, ob der „Apologet" der bürgerlichen Wirtschaftsordnung der Wahrheit näher stand oder ihr Feind, **wo** das „Mißverständnis" und darnach, auf welcher Seite, um mit Engels klassischem Ausdrucke zu reden, der den Ausgangspunkt für diese Auseinandersetzung bot, die unverwischbare „Blamage" liegt.

Weihnachten 1894.

Julius Wolf.

# Erster Brief.

Hochgeachteter Herr Professor!

Als ich vor zwei Jahren durch Ihr System der Sozialpolitik angeregt wurde, mich mit dem „Kapital" von Marx zu beschäftigen, war mir das Verständniß dieses merkwürdigen Buches sehr erleichtert dadurch, daß Marx zur Illustration seiner Theorien öfters die englische Baumwollspinnerei heranzieht. Sie ist ihm der Typus der kapitalistischen Produktion; sie wendet die vollkommensten Maschinen an; sie ist die Domäne des industriellen Großkapitals; sie insbesondere hat unsägliches Leid und Elend unter die englische Arbeiterbevölkerung gebracht durch ungemessene Ausdehnung der Arbeitszeit und durch massenhafte Verwendung von Kinder- und Frauenarbeit; die englischen Spinnereibesitzer sind deßhalb für Marx die verruchtesten von allen verruchten kapitalistischen Produzenten. Ich fand jedoch bei näherer Prüfung, daß von den Thatsachen, welche Marx über die englische Baumwollspinnerei vorbringt, manche nicht richtig, andere von ihm nicht richtig verstanden worden sind.

Marx hat ein gewaltiges Material herbeigeschleppt, um die Richtigkeit seiner Theorien zu beweisen; für ihn sind sie zwar an und für sich schon richtig, allein sie lassen sich auch an der Entwicklung des Waarenproduktionsprozesses belegen, die von ihm entdeckten immanenten Gesetze beherrschen denselben. Marx geht nicht von den Thatsachen aus, er konstruirt seine Theorien aprioristisch und läßt sie alsdann durch die Thatsachen bestätigen. Von diesem Standpunkt ist jenes gewaltige Material zu beurtheilen, es ist nicht unpartheiisch gesammelt, sondern einseitig ausgewählt; was seine Theorien nicht stützt oder ihnen nicht entspricht, wird von ihm ignorirt. Die ungeachtet der Herabsetzung der Arbeitszeit stetig fortschreitende Erhöhung der Löhne der englischen Arbeiter, die Verbesserung ihres Standard of life, die erfolgreichen Bestrebungen derselben, auch ohne staatliche Hilfe aus eigener Kraft ihre Interessen zu wahren, die Entstehung der schon 1867, als sein Buch erschien, mächtigen Gewerkschaften und Arbeiterverbindungen, der Consumvereine und Produktivgenossenschaften, werden von ihm kaum erwähnt. Die englische Gesetzgebung über die Normalarbeitszeit freilich darf er nicht ignoriren, er lobt sie als eine Wohlthat für den Arbeiter; aber mir scheint, er kann seinen Aerger nicht verbergen, daß der Staat eines der immanenten Gesetze der kapitalistischen Produktionsweise, das Gesetz der Ausdehnung der Arbeitszeit, lahm gelegt hat. Er bekrittelt die englische Arbeitergesetzgebung an allen Ecken und Enden, namentlich die von 1867. Aber er tröstet sich mit dem Gedanken, daß die Verallgemeinerung der Fabrikgesetzgebung den Untergang der kapitalistischen Produktionsweise nicht aufhalten, sondern im Gegentheil beschleunigen werde.

Das thatsächliche Material von Marx muß jedoch noch von einer andern Seite her beurtheilt werden: Es sind Thatsachen, welche vor fünfzig Jahren bestanden, seitdem aber nach und nach verschwunden sind. Das gesammte thatsächliche Material, insoweit es sich auf die Arbeiter und deren Zustände in England bezieht, ist somit antiquirt; es hat nur noch historischen Werth. Nach Marx haben die die kapitalistische Produktion beherrschenden immanenten Gesetze die von ihm geschilderten Zustände herbeigeführt und müssen fortwährend in gleicher Richtung weiter wirken. Die geschichtliche Entwicklung hat aber den immanenten Gesetzen diesen Gefallen nicht gethan, sondern das gerade Gegentheil zur Erscheinung gebracht. Den Beweis hiefür haben Sie in Ihrem System der Sozialpolitik geleistet. Für die englische Baumwollspinnerei bemerke ich nur, daß 1841 die Arbeitszeit 12, 1893 9¼ Stunden, 1841 der Lohn eines Spinners in Oldham 19 Sh., 1893 40 Sh. per Woche *) war; daß dagegen die Oldhamer Aktienspinnereien, die größten, mit den besten Maschinen versehenen und von vorzüglichen Arbeitern bedienten Baumwoll=Spinnereien der Welt, in den Jahren 1892 und 1893 mit Kapitalverlust gearbeitet haben; daß in der diesjährigen Versammlung der Manchester Stock Exchange das Gesammtresultat von 93 Aktienspinnereien, welche ihre Bilanzen publiziren, mit £ 10,253 Zins für 10 Jahre angegeben worden ist, bei einem Aktienkapital von £ 3,780,969, also mit 3 pro mille Zins für 10 Jahre und ³/₁₀ Permille pro Jahr. Andererseits haben im März d. Js. die Arbeiter der Castelton Spinnerei bei Oldham, welche in Geldverlegenheit gerathen war, der Verwaltung dieser Spinnerei Kapitalzuschüsse, d. h. Aktien zu zeichnen angeboten, um deren Weiterbetrieb zu ermöglichen. Welche Ironie auf die Marx'schen immanenten Gesetze!

Lassen Sie mich übrigens einen Augenblick bei diesem merkwürdigen Manne verweilen. Welch' disparate Elemente sind in ihm vereinigt! Spekulation, philosophische Begabung, ungewöhnlicher Scharfsinn, streng logisches Denken lassen ihn in der Studirstube ein geschlossenes, folgerichtiges System aushecken, in welchem aprioristisch deduzirt wird, was nur aus der Beobachtung unzähliger einzelner Thatsachen abgeleitet werden kann;

---

*) In der New=Spinnerei in Oldham kommt ein Spinner auf 72 Sh. 11 d. Wochenlohn = Fr. 91. 10 = 4555 Fr. im Jahre. Oldham Chronicle vom 22. September 1894. Selbstverständlich nicht alle Spinner, sondern nur die tüchtigsten.

ein Philosoph, verirrt in die Nationalökonomie, wo er nur Unheil anrichten kann, gerade wie die Schüler Schelling's vor siebzig und achtzig Jahren in der deutschen medizinischen- und Naturwissenschaft Unheil gestiftet haben. Dazu ein Mann von titanischem Drange, nach Außen zu wirken, die bestehende Weltordnung umzustürzen und eine neue, von ihm concipirte einzuführen; ein Agitator ersten Ranges, aber unpraktisch und ungeschickt zur Leitung der von ihm inspirirten Bewegungen; ein Despot voll Herrschbegier, aber unfähig zu herrschen; ein verbitterter heimathloser Flüchtling, der in England das Asylrecht genießt, und zum Dank dafür das furchtbarste Pamphlet über die Engländer und die englischen Zustände schreibt, das je erschienen ist; ein Prophet und Apokalyptiker, welcher die politischen und sozialen Revolutionen apodiktisch voraussagt, die Zeit ihres Eintretens normirt und das Mißgeschick erlebt, daß alle seine Prophezeiungen sich nicht erfüllen, sondern das gerade Gegenteil eintritt; endlich ein merkwürdiges Produkt des Atavismus. Marx ist nach meinem Dafürhalten vollständig nur zu verstehen aus seiner jüdischen Abstammung heraus\*); er besitzt den ungewöhnlichen Scharfsinn und die spekulative Begabung des modernen Juden, die bei ihm — ein beachtenswerthes Merkmal — oft in die Sophistik und die Rabulistik der talmudisch geschulten Rabbiner sich überschlägt. Es finden sich aber auch noch Restanzen aus den alttestamentlichen Zeiten: er ergrimmt über die Ungerechtigkeiten in der Welt; die Arbeiter sind ihm die unterdrückten Gerechten, die Fabrikanten die hochmütigen, vom Schweiß und

---

\*) Renan, histoire du peuple d'Israel V, 169: „Le Juif n'est pas résigné comme le chrétien. Pour le chrétien, la pauvreté, l'humilité sont des vertus; pour le Juif, ce sont des malheurs, dont il faut se défendre. Les abus, les violences, qui trouvent le chrétien calme, révoltent le Juif, c'est ainsi que l'élément israélite est devenu, de notre temps, dans tous les pays qui le possèdent, un grand élément de réforme et de progrès."

Blut der Arbeiter lebenden Ungerechten, er wettert wider die letztern, wie der alten Propheten einer; aber er ruft nicht Jehova an, daß er in die Welthändel eingreife und die Ungerechten zerschmettere wie der Töpfer die Töpfe, er lacht über Jehova, die von ihm, Marx, entdeckten immanenten Gesetze werden die bestehende Produktions-Ordnung zerstören; als Herold dieser Gesetze ruft er die Arbeiter zur Revolution und Gewalt auf. Gewalt ist ihm auch eine ökonomische Potenz. *)

Die Theorien von Marx werden vergehen, sie sind auf Sand, auf falschen Spekulationen aufgebaut; es ist nichts mit seiner Lehre vom Mehrwerth, von der Arbeitskraft als Waare, von dem constanten und variablen Kapital, von der Accumulation und der industriellen Reservearmee; die Thatsachen erschlagen seine Lehre und seine immanenten Gesetze; aber in dem furchtbaren Kampf der Arbeiter um Verbesserung ihrer Existenz hat er ihnen ein ideales Ziel gezeigt, die soziale Gleichheit und den gleichen Anteil Aller an allen Gütern der Erde; er stählt sie im Kampfe, indem er ihnen dies Ziel als in der Vernunft und der Weltordnung begründet nachweist. Freilich verstehen die Arbeiter seine Theorien nicht, aber er hat ihnen das Schlagwort geliefert: Ihr allein schaffet den Mehrwerth, folglich muß er Euch allein gehören. Er hat mächtig in die Zeitströmung eingegriffen, welche nicht länger gestatten will, daß der Arbeiter in der Welt nur die Funktion eines Arbeitsmittels haben soll.

— Mais revenons à nos moutons! Ueberlassen wir den Philosophen Marx den Philosophen, den Agitator Marx den Geschichtsschreibern, und den atavistisch beeinflußten Marx den Psychologen! Ich meinerseits will es versuchen, eine Anzahl thatsächlicher Irrthümer im Marx'schen „Kapital" nachzuweisen.

---

*) Kapital I, S. 716. Ich citire stets nach der 4. Auflage von 1890.

## Zweiter Brief.

Bevor ich mich mit der Marx'schen Darstellung des Garnproduktionsprocesses befasse, lassen Sie mich, verehrter Herr Professor! einige Bemerkungen vorausschicken über die Stellung, welche Marx dem Fabrikarbeiter in dem kapitalistischen Waarenproduktionsprozeß zutheilt. Es sind hier einige sehr auffällige Irrthümer zu berichtigen; zugleich bietet sich Gelegenheit, auf die Marx'sche Grundanschauung über die Entwicklung der Arbeitsverhältnisse überhaupt aufmerksam zu machen.

Marx charakterisirt die Arbeit in den Fabriken wie folgt:\*)

„Soweit in der automatischen Fabrik die Theilung der Arbeit wieder erscheint, ist sie zunächst die Theilung von Arbeitern unter die spezialisirten Maschinen und von Arbeitermassen, die jedoch keine gegliederten Gruppen bilden, unter die verschiedenen Departements der Fabrik, wo sie an neben einander gereihten gleichartigen Werkzeugmaschinen arbeiten, also nur einfache Cooperation unter ihnen stattfindet. Die gegliederte Gruppe der Manufaktur ist ersetzt durch den Zusammenhang des Hauptarbeiters mit wenigen Gehülfen. Die wesentliche Scheidung ist die von Arbeitern, die wirklich an den Werkzeugmaschinen beschäftigt sind (es kommen hiezu einige Arbeiter zur Bewachung, resp. Fütterung der Bewegungsmaschine) und von bloßen Handlangern (fast ausschließlich Kinder) dieser Maschinenarbeiter.

---

\*) I S. 385.

Zu den Handlangern zählen mehr oder minder alle „feeders" (die den Maschinen blos Arbeitsstoff darreichen)."

Ferner: *)

„Soweit die Gesammtmaschinerie selbst ein System mannigfacher, gleichzeitig wirkender und combinirter Maschinen bildet, erfordert auch die auf ihr beruhende Cooperation eine Vertheilung verschiedenartiger Arbeitergruppen unter die verschiedenartigen Maschinen. Aber der Maschinenbetrieb hebt die Nothwendigkeit auf, diese Vertheilung manufakturmäßig zu befestigen durch fortwährende Aneignung derselben Arbeiter an dieselbe Funktion. Da die gesammte Bewegung der Fabrik nicht vom Arbeiter ausgeht, sondern von der Maschine, kann fortwährend der Personenwechsel stattfinden ohne Unterbrechung des Arbeitsprocesses. Den schlagendsten Beweis hierzu liefert das während der englischen Fabrikantenrevolte von 1848—50 ins Werk gesetzte Relaissystem." —

Bei diesen Ausführungen hat Marx die Baumwollspinnerei im Auge, auf andere Industriezweige, wie die Maschinen- und chemischen Fabriken lassen sie sich von vorneherein nicht anwenden. Aber auch in der Baumwollspinnerei sieht es anders aus.

Marx befindet sich in einem zweifachen Irrthum:

1. Seine Klassifikation der Arbeiter ist nicht richtig;
2. Die Arbeiter sind keine unterschiedslose Menge, sondern sie scheiden sich nach Gruppen wie in der Manufaktur.

1. Marx theilt die Arbeiter in zwei Klassen:
    a) Hauptarbeiter mit Gehilfen, welche wirklich an den Maschinen arbeiten;
    b) Handlanger, welche die Maschinen blos füttern.

Hätte Marx sich jemals in einer Baumwollspinnerei gründlich umgesehen, so würde er gefunden haben, daß in derselben

---

*) 1 S. 386.

a) alle Arbeiter wirklich an den Maschinen beschäftigt sind;

b) alle Arbeiter mit einer einzigen Ausnahme die Maschinen füttern.

Welche Arbeiten haben die Arbeiter in einer Spinnerei zu verrichten? Sie haben:

Den Maschinen den zu verarbeitenden Stoff vorzulegen — das Marx'sche Füttern —

den verarbeiteten Stoff zu entfernen,

die Maschinen zu überwachen, Unregelmäßigkeiten und Fehler in der Produktion zu beseitigen.

Eine Ausnahme hievon machen die Arbeiter am Spinnstuhl; es sind deren drei: Der Spinner, der Ansezer, der Aufstecker. Spinner und Ansezer füttern den Spinnstuhl nicht, das besorgt der Aufstecker allein; letzterer überwacht nicht, weil der Aufstecker in der Regel ein Kind ist. Aber alle drei zusammen entfernen den verarbeiteten Stoff, das Garn.

Ein Hauptarbeiter existirt in der Spinnerei nicht. Marx hält ohne Zweifel den Spinner für einen Hauptarbeiter, weil dieser allein mit Gehilfen arbeitet; allein technisch ist die Arbeit des Spinners die gleiche wie die des einen seiner Gehilfen, des Ansezers. Der Spinner spinnt nicht, das Spinnen besorgt der Spinnstuhl, aber Spinner und Ansezer überwachen den Spinnstuhl. Der Spinner hat nur deßhalb Gehilfen, weil der Spinnstuhl eine so enorm lange Maschine ist, daß ein einziger Arbeiter sie nicht bedienen kann. Aus diesem Grund gibt es in den Ringspinnereien gar keine Spinner mehr; der Spinnstuhl ist ersetzt durch die Ringspinnmaschine, eine verhältnißmäßig kurze Maschine, welche von einer einzigen Arbeiterin bedient wird.

2. In einer Spinnerei befinden sich nicht, wie Marx annimmt, nur coordinirte Maschinen, sondern 6—7 verschiedene aufeinanderfolgende Maschinensysteme, jedes aus einer Anzahl

gleichartiger coordinirter Maschinen bestehend. Schon dies erfordert eine Theilung der Arbeit. Mit der Vervollkommnung der Maschine ist diese Theilung befestigt worden; das Ueberwachen erfordert mehr Intelligenz und Gewandtheit, der Arbeiter wird leistungsfähiger je mehr er mit der Maschine vertraut wird; die Spinnereiarbeiter selber heißen sich „gelernte Arbeiter" im Gegensatz zu den Taglöhnern, Dockarbeitern ꝛc. Arbeiter wie Fabrikant haben ein gemeinschaftliches Interesse, daß die Arbeit dauernd an derselben Maschine verrichtet werde, was selbstverständlich ein Aufrücken des Arbeiters von einem Maschinensystem, das weniger Ansprüche an seine Leistungsfähigkeit macht, zu einem schwierigern Maschinensystem nicht ausschließt. Das Herumjagen der Arbeiter an den verschiedenen Maschinen ist ausgeschlossen; es ist aber auch deßhalb nicht zulässig, weil die Arbeiter sich das Herumjagen nicht gefallen lassen. Der englische Fabrikant, welcher es wagen wollte, die Arbeiter heute an diese, morgen an jene Maschine zu versetzen, würde sofort mit dem Austritte der gesammten Arbeiterschaft aus der Spinnerei bedroht.

Es findet somit in der Spinnerei eine durchgreifende Theilung der Arbeit und eine Befestigung derselben statt, also das Gegentheil von dem, was Marx behauptet.

Marx selber rectificirt übrigens seine Behauptung in einer sehr charakteristischen Weise; unmittelbar anschließend an seine Auseinandersetzung, daß in der Fabrik die Theilung der Arbeit durch die Vertheilung der Arbeiter an die Maschinen ersetzt sei, gibt er die Theilung der Arbeit dennoch zu. Er sagt:\*)

„Obgleich nun die Maschinerie das alte System der Theilung der Arbeit technisch über den Haufen wirft, schleppt

---

\*) I S. 387.

es sich zunächst als Tradition der Manufaktur gewohnheitsmäßig in der Fabrik fort, um dann systematisch vom Kapital als Exploitationsmittel der Arbeitskraft in noch ekelhafterer Form reproduzirt und befestigt zu werden. Aus der lebenslangen Spezialität, ein Theilwerkzeug zu führen, wird die lebenslange Spezialität, einer Theilmaschine zu bienen. Die Maschinerie wird mißbraucht, um den Arbeiter selbst von Kindesbeinen in den Theil einer Theilmaschine zu verwandeln."

Auf die Marx'schen Uebertreibungen lasse ich mich nicht ein; man lege dieselben den englischen Spinnereiarbeitern vor, sie werden darüber lachen.

Die Theilung der Arbeit ist nach Marx in der Fabrik ursprünglich nicht vorhanden; sie wird aber in einer noch ekelhaftern Form reproduzirt als in der Manufaktur! Dies ist kein Marx'sches Paradoxon, sondern eine Consequenz seiner Theorie. Hierüber eine kurze Bemerkung.

Nach Marx ist das Unheil in die Welt gekommen mit dem ersten Menschen, welcher in der uranfänglichen collectiven Produktionsgesellschaft Eigenthum für sich erworben hat. In dem dialektischen Prozeß, welcher sich aus diesem Gegensatz entwickelte, ist das Privateigenthum Sieger geblieben; es hat die Collectivproduktion zerstört. Aber sofort entwickelt sich ein neuer dialektischer Prozeß: das Eigenthum setzte seinen Gegensatz, den Lohnarbeiter. Der dialektische Prozeß entwickelte in einer Reihe von Perioden verschiedene Formen der auf Eigenthum gegründeten Produktionsweise; aber alle Formen derselben haben eine gemeinsame Tendenz: jede neue Form verschlechterte die ökonomische Lage des Arbeiters. In der neuesten und nach Marx letzten Periode, welche die fabrikmäßige Produktion herausgebildet hat, ist das Elend der Arbeiter auf den höchsten Grad gestiegen; zu dem materiellen Elend kommt noch hinzu, daß dem Arbeiter die

Produktion der Waaren geraubt und diese auf die Maschine übertragen worden ist. Die Arbeiter sind zu einer unterschieds= losen Herde von Sklaven entwürdigt, welche einen automatischen Sklaven, die Maschine, bedienen müssen; tiefer können sie nicht sinken.

Hier besinnt sich Marx; soweit darf er doch nicht gehen. Daß die Arbeiter gegenwärtig eine unterschiedslose Herde von Sklaven seien, ist zwar ein Postulat seiner Theorie, allein die Wirklichkeit deckt sich zur Zeit noch nicht vollständig mit der Theorie. Marx weiß, daß in der Spinnerei die Arbeiter sich nach den Maschinen gruppiren und daher eine Theilung der Arbeit doch noch stattfindet; er macht daher eine Concession: die Theilung der Arbeit wird reproduzirt, aber „in noch ekelhafterer Form als in der Manufaktur." Damit ist seiner Theorie Genüge geleistet; sie verlangt unter allen Umständen eine Verschlechterung gegenüber der Stellung des Arbeiters in der Manufaktur.

Ich habe nachgewiesen, daß die Marx'sche Schilderung der Arbeitsverhältnisse in der Spinnerei nicht zutrifft. Aber auch von der mechanischen Baumwollweberei hat Marx eine ganz wunderliche Vorstellung, welche beweist, daß er, wie in der Spinnerei, auch in der Weberei schwerlich sich jemals umge= sehen hat.\*) Die Weberei ist ihm ein System cooperirender, gleichartiger Arbeitsmaschinen, im Gegensatz zur Spinnerei, welche auf einer Combination verschiedenartiger Arbeitsmaschinen beruht. Die Weberei enthält somit nach Marx nur Webstühle, keine andern Maschinen. Nun wird aber jeder, welcher eine mechanische Baumwollweberei besucht, sich sofort überzeugen, daß in derselben eine Combination verschiedener successive aufeinander=

---

\*) I, Seite 344.

folgender Maschinensysteme sich vorfindet, wie in der Spinnerei. Die mechanische Weberei erfordert:

Maschinen für das Spulen des Garnes,
„ „ „ Zetteln „ „ ,
„ „ „ Schlichten „ „ ,
„ „ „ Weben „ „ ,

also vier streng geschiedene Maschinensysteme mit für jedes besonders eingeschulten Arbeitern. Das Schlichten wird ausschließlich von Männern, das Spulen und Zetteln ausschließlich von Frauen, das Weben fast ausschließlich von Frauen besorgt. Kinder, wenn solche verwendet werden, sind Gehilfen der Spulerinnen. Wir haben in der Weberei genau wie in der Spinnerei Coordination der Arbeiter an den gleichartigen Maschinen und successives Aufeinanderfolgen der verschiedenen Maschinensysteme.

Wenden wir uns nun dem Garnproduktionsprozeß selber zu *). Marx schildert ihn S. 180 und 181 mit der Absicht, seine Leser in die Anschauungsweise, welche seiner Methode zur Berechnung der Rate des Mehrwerthes zu Grunde liegt, „einzuexerciren". Er sagt:

„Zunächst das Beispiel einer Spinnerei von 10,000 Mule-Spindeln, die No. 32 Garn aus amerikanischer Baumwolle spinnt und 1 Pfund Garn wöchentlich pr. Spindel produzirt.

„Der Abfall ist 6 %. Also werden $ₐ$ 10,600 Baumwolle wöchentlich in $ₐ$ 10,000 Garn verwandelt. Im April 1871 kostete diese Baumwolle 7³/₄ d. pr. Pfund, also für $ₐ$ 10,000 rund £ 342.

---

*) Marx unterscheidet sehr scharfsinnig Arbeits- und Werthbildungsprozeß: von letzterm handelt er auf S. 148 ff. Ich setze überall Garnproduktionsprozeß, anstatt Garnwerthbildungsprozeß.

„Die 10,000 Spindeln inclusive Vorspinnmaschinerie und Dampfmaschine kosten £ 1 pr. Spindel, also £ 10,000. Ihr Verschleiß beträgt 10 % = £ 1000 oder £ 20. — pr. Woche.

„Die Miethe des Fabrikgebäudes ist £ 300, oder £ 6. — pr. Woche.

„Kohlen (4 Pfund pr. Stunde und Pferdekraft auf 100 Pferde Indicator) und 60 Stunden pr. Woche inclusive Heizung des Gebäudes 11 Tons pr. Woche zu 8 Sh. 6 d. die Tonne kosten rund £ 4½ pr. Woche;

Gas „ 1 „ „ ,
Oel „ 4½ „ „ ,

also alle Hülfsstoffe £ 10. — per Woche. Also ist der constante Werttheil £ 378 pr. Woche, nämlich £ 342 + 20 + 6 + 10.

„Der Arbeitslohn beträgt £ 52. — pr. Woche.

„Der Garnpreis ist 12¼ d. pr. Pfund oder für $ 10,000 = £ 510, der Mehrwerth also 510 minus 430 = £ 80. Wir setzen den constanten Werttheil von £ 378 = 0, da er in der wöchentlichen Werthbildung nicht mitspielt; bleibt das wöchentliche Werthprodukt von 132 = £ 52 + 80, die Rate des Mehrwerths also = $80/52$ = $153^{11}/_{13}$ %. Bei zehnstündigem durchschnittlichem Arbeitstag ergibt dies:

Nothwendige Arbeit = $3^{31}/_{33}$ Stunden,
Mehrarbeit = $6^{2}/_{33}$ „ .“

Hiezu bemerkt Marx in einer Note zur zweiten Auflage, das in der ersten Auflage gegebene Beispiel einer Spinnerei für 1860 enthalte einige faktische Irrthümer. Die im Text gegebenen „durchaus genauen" Daten seien ihm von einem Manchester-Fabrikanten geliefert worden.

Da möchte ich Ihnen nun zunächst, verehrter Herr Professor, ein Collegium practicum vortragen über den Werth geschäftlicher und technischer Mittheilungen seitens der Fabrikanten

und insbesondere der englischen Baumwollspinner vor einem Viertel=
jahrhundert, und wohl auch noch heute; doch dies würde mich zu
weit führen; darum will ich nur bemerken, daß bei der Benutzung
solcher Mittheilungen Vorsicht die Mutter der Weisheit ist. Das
Schema, welches der Manchester=Fabrikant geliefert hat, ist un=
richtig nach zwei Richtungen: einmal hat der Fabrikant nicht
die volle Wahrheit gesagt, und dann scheint mir Marx seine
Anfragen an den Fabrikanten nicht richtig gestellt zu haben.

Befassen wir uns zunächst mit dem Fabrikanten. Er gibt an:
1. er spinne mit 10,000 Spindeln No. 32. Garn aus ameri=
kanischer Baumwolle 1 Pfund wöchentlich pr. Spindel, das
macht $10,000 \times 50 = 5000$ englische Zentner im Jahr,
somit für 1 Tag und 1000 Spindeln $= 166$ englische
Pfund Garn.

Im Jahr 1871 konnte jedoch kein englischer Spinner
dieses Quantum produziren, es wurde erst nach 1886 er=
reicht und wird heute etwa 170—174 Pfund betragen.
Der Manchester=Fabrikant wird von No. 32 Mule, unter
den günstigsten Umständen, kaum mehr als 140 Pfund per
Tag und 1000 Spindeln herausgesponnen haben.*)
2. Der Abgang ist mit 6% viel zu niedrig angegeben, er
betrug damals für eine englische Spinnerei wenigstens
10—11%.
3. Der Lohn wird mit £ 52. — pr. Woche angegeben, das
macht für 50 Wochen £ 2600 und pr. Spindel im Jahre

---

*) Marx citirt auf S. 525 den Fabrikinspektor Redgrave, welcher in
seinem Bericht vom 31. Oktober 1866 eine tägliche Produktion von 220
Pfund Garn mit 2200 Spindeln als eine sehr bedeutende Leistung bezeichnet,
das macht ℔ 100 pr. Tag und 1000 Spindeln. Die Garnnummer gibt
Redgrave nicht an. Ellison, Cotton of Great Britain 1886, S. 23 beziffert
für 1886 die Produktion von No. 36 Water Twist auf ℔ 145 für 1000
Spindeln; dies ergibt für No. 32 ℔ 157—158.

5 Sh. Solchen hohen Lohn hat aber 1871 kein englischer Spinner bezahlt. Heute wird im Durchschnitt 3 Sh. pr. Spindel und Jahr berechnet. Allerdings ist die Arbeiterzahl heute kleiner als 1871, durchschnittlich drei Arbeiter auf 1000 Spindeln gegenüber $3^{3}/_{4}$ Arbeiter in 1871. Dafür sind aber heute die Löhne höher. Es wird somit der Lohn $3^{1}/_{4}$ bis $3^{1}/_{2}$ Sh. pr. 1000 Spindeln nicht überschritten haben, von 5 Sh. kann keine Rede sein.

Ich habe sehr bestimmte Vermuthungen über die Gründe, welche den Manchester-Fabrikanten etwa veranlaßt haben könnten, gerade in Bezug auf die Größe seiner Produktion und die Höhe seiner Löhne unrichtige Angaben zu machen. Auch Marx konnte sie sich zurecht legen. Es war darum, gelinde gesagt, sehr unvorsichtig, sich auf die Angaben eines einzigen Spinners zu verlassen; wie, wenn derselbe etwa das „Kapital" 1. Auflage gelesen und darin gefunden hätte, daß die englischen Spinner Vampyre seien, welche sich vom Blut unschuldiger Kinder nähren, brutale, rohe, unwissende Menschen, Wehrwölfe mit kapitalistischem Heißhunger; wenn er dafür Revanche genommen und Marx düpirt hätte?! Aber angenommen, was sehr wahrscheinlich ist, der Spinner habe Marx nicht gelesen, sondern für einen wißbegierigen Gentleman und Gelehrten gehalten oder habe auch gar nicht gewußt, wer ihn anfrage, so war es doch ein elementares Gebot der Vorsicht, daß Marx bei dem so wichtigen „Einererciren" in den Garnproduktionsprozeß sich nicht mit der Angabe eines einzigen Spinners begnüge; er hätte mindestens ein Dutzend Anfragen stellen und dieselben unter einander vergleichen müssen, dann hätte er ein annähernd richtiges Resultat erhalten. Mit welchem Bienenfleiße hat er das Material zur Verunglimpfung der Fabrikanten gesammelt!

Unerklärlich sind mir noch folgende Angaben des Manchester-Fabrikanten:

4. Die Abschreibung auf die Maschinen wird mit 10 % beziffert. Nun kann selbstverständlich ein Fabrikant auf seinen Maschinen abschreiben, so viel er will, 10 % oder 20 %, oder auch gar nichts. Allein es haben sich hierüber aus der Erfahrung heraus bestimmte Normen gebildet, welche die große Mehrzahl der Fabrikanten einhält. Man nimmt in England an, daß bei Spinnereien das Gebäude in 33—35 Jahren, die Maschinen in 15—16 Jahren abgenutzt seien und bemißt danach die Abschreibung; 5 % auf Gebäude und Maschinen gilt für fair; das würde auf die Maschinen allein 7 % ausmachen, aber nicht 10 %, wie der Gewährsmann von Marx angibt.

5. Ganz unsinnig sind die Angaben für Oel und Gas: Jener Spinner hätte bei £ 4½ für Oel in der Woche £ 225 = Fr. 5525 im Jahr verbraucht, das ist 35 Prozent mehr, als ich 1871 für 24,000 Spindeln, bei 12-stündiger Arbeitszeit, und bei viel höheren Preisen des Schmiermaterials als in England verbraucht habe, also ungefähr 3 mal zu viel. Und ebenso sind die £ 50. — für Gas im Jahr = Fr. 1250. — enorm übersetzt; ich habe in meiner Spinnerei 1871 bei 12-stündiger Arbeitszeit für Gas aus schottischen Boghead, die wenigstens dreimal theurer waren als in Manchester wegen der Fracht, nur Fr. 1800. — ausgegeben. Der englische Spinner in Manchester bezog sein Gas aus der Gasfabrik und wird mit Fr. 400—500 statt Fr. 1250 trotz der englischen Nebel durchgekommen sein.

6. Richtig bleiben somit allein die Angaben für Kohlen, ferner die Erstellungskosten der Maschinerie, endlich der Baumwolle- und der Garnpreis.

Hat aber nicht Marx selber dieses Zerrbild des Garnproduktionsprozesses verschuldet?

Ich kenne den Inhalt von Marx' Schreiben an den Fabrikanten nicht, habe aber eine sehr deutliche Vorstellung von demselben. Als ächter und rechter Theoretiker fragt Marx gar nicht nach den wirklichen Elementen des Garnproductionsprozesses, wie solche in demselben zum Vorschein kommen, sondern er stellt ein Schema auf gemäß seiner Theorie und wünscht dessen Beantwortung. Dies läßt sich nachweisen.

Nach Marx kommen im Waarenproduktionsprozeß in Betracht:

der Rohstoff,
die Hilfsstoffe,
„ Abnutzung der Maschinen,
„ Löhne.

Diesem Schema entsprechend hat Marx seine Fragen gestellt. Der Manchester Fabrikant bezeichnet als Hilfs st offe ganz richtig: Kohlen, Oel, Gas; von den andern in dem Garnproduktionsprozeß vorkommenden Hilfs materialien, wie Riemen, Spindelsaiten, Cylinderleder, Cardengarnituren ꝛc. ꝛc., welche im Betrieb der Spinnerei konsumirt und stets erneuert werden, von den Reparaturen an Gebäuden und Maschinen, den Steuern und Assekuranzprämien, den Frachten, von allen diesen Unkosten des Betriebes und Erstellungskosten des Garnes sagt er kein Wort. Denn Marx hat nicht nach den Erstellungskosten gefragt. Hätte Marx dies gethan, so würde der Fabrikant solche ohne Zweifel vollständig angeführt haben. Den Begriff Erstellungskosten kennt Marx jedoch nicht, er hat in seiner

Theorie keinen Platz und wenn auch der Garnproduktionsprozeß für Erstellungskosten hunderte von Pfund Sterling in einer kleinen Spinnerei von 10,000 Spindeln erforderte, so geht ihn dies gar nichts an. Das sind ihm faux frais\*), welche auf den Werthbildungsprozeß keinen Einfluß ausüben.

Auffallend ist endlich, daß Marx Auskunft von einem Spinner erhalten hat, welcher nicht Eigenthümer, sondern Miether des Fabrikgebäudes ist. Das ist doch ein seltener Fall; in der Regel ist der Spinner Eigenthümer von Gebäude und Maschinen, oder wenn er miethet, miethet er beide. Wenn nun Marx den Miethzins von £ 300. — für das Gebäude in den Garnwerthbildungsprozeß aufnimmt, so wird er den Miethzins für die Maschinen auch aufnehmen müssen — im vorliegenden Fall etwa 5% von £ 10,000 = £ 500, wenn der Fabrikant die Maschinen gemiethet hat. Ist dies richtig, so ist nicht einzusehen, warum der Eigenthümer der Fabrik und der Maschinen sich nicht ebenfalls den Zins für Gebäude und Maschinen anrechnen dürfe. Aber im Marx'schen Werthbildungsprozeß gibt es keinen Kapitalzins. Was resultirt daraus? Der Garnwerthbildungsprozeß enthält bei Marx ganz verschiedene Werthe, je nachdem der Fabrikant Eigenthümer der Gebäude und der Maschinen oder nur von einem von beiden oder nur Miether ist. Der Eigenthümer produzirt billiger als der Miether. Das ist einfach absurd.

Die Bedeutung der Abgänge im Garnproduktionsprozeß hat Marx gar nicht verstanden. Ich will ihm den Rechnungsschnitzer: bei 6% Abgang würden aus $\bar{a}$ 10,600 Baumwolle $\bar{n}$ 10,000 Garn gesponnen, nicht hoch anrechnen; es hat früher mancher Spinner ebenso gerechnet. Bei 6% Abgang wer-

---

\*) Kapital II. S. 105. ff., wo Marx die Circulationskosten behandelt. Vgl. weiters S. 147 ff.

den à 9964 Garn herausgesponnen; will man à 10,000 Garn erhalten, so muß man à 10,638 Baumwolle nehmen. Der gleiche Irrthum findet sich auf S. 147, wo Marx meint, aus à 115 Baumwolle werden bei 15% Abgang à 100 Garn gesponnen; es kommen nur à 98.75 heraus. Nun erklärt Marx pathetisch, diese 15% Abgang müßten verstauben; er nennt sie the Devils dust nach der damals unter den Arbeitern üblichen Bezeichnung des Baumwollstaubes, oder auch ganz witzig: die Excremente des Spinnprozesses. Mit Verlaub, diese 15% Abgang verstauben nicht, sondern nur ein kleiner Theil, 2—3%; die übrigen Prozente bestehen, abgesehen von weiteren 2—3% werthlosen Abgängen, aus noch anderweitig verwendbaren Abgängen, welche der Spinner entweder selber vernutzt oder verkauft. Marx weiß mit ihnen nichts anzufangen, deßhalb läßt er sie verschwinden. Es haben aber im Gegentheil die verwerthbaren Abgänge die Eigenschaft, die Garnerstellungskosten herabzusetzen, sie sind ein Nebenprodukt, welches das Hauptprodukt verbilligt.

Wie kommt aber der Fabrikant dazu, Marx 6% Abgang anzugeben, da er doch, wie männiglich bekannt, von amerikanischer Baumwolle damals 10—11% erhalten hat? Ich vermuthe, Marx hat ihn nicht gefragt: Wie viel Abgang in Prozenten erhalten Sie? sondern: Wie viel Prozente Abgang verstauben? Der Fabrikant hat die 2—3% wirklich verstaubten und die 2—3% ganz werthlosen Abgänge zusammengestellt und daher richtig geantwortet: 6%.

Aber nun merken Sie auf, verehrter Herr Professor! Ich will Ihnen den Beweis führen, daß trotz der irrigen und unglaubhaften Angaben der Marx'sche Garnwerthbildungsprozeß und unsere, der Praktiker, Garn-Erstellungskostenberechnung sich nahezu decken! Marx fand bei seiner Darstellung des Garnproduktionsprozesses zwei gegebene Größen vor: den Baumwoll- und den Garnpreis, mit 7 ³/₄ und mit 12 ¹/₄ d. Die Differenz zwischen beiden füllen aus nach nnserer — der Spinner — Ansicht: Die Erstellungskosten — Unkosten im weitern Sinne, Löhne, Abschreibung — und der Gewinn; nach Marx: die Hilfsstoffe, Löhne, Abnutzung und der Mehrwerth. Man kann jeden einzelnen Factor in Zahlen, in Pence und Bruchtheilen eines Penny darstellen; das Ganze bildet inclusive Baumwollpreis die Calculation des Garnpreises:

Ich gebe dieselbe zunächst nach Marx:

| | | | |
|---|---|---|---|
| Baumwolle | ℔ 1,06 à 7 ³/₄ d. auf 1 Pfd. Garn | | = 8.21 d. |
| Hilfsstoffe | £ 10. — p. Woche = 2400 d. auf ℔ 10,000, | | |
| | | auf 1 Pfd. Garn = | 0.24 d. |
| Löhne | „ 52. — „ „ = 12480 d. auf ℔ 10,000, | | |
| | | auf 1 Pfd. Garn = | 1.25 d. |
| Abnutzung | = „ 20. — „ „ = 4800 d. auf ℔ 10,000, | | |
| | | auf 1 Pfd. Garn = | 0.48 d. |
| Miethzins | = „ 6. — „ „ = 1440 d. auf ℔ 10,000, | | |
| | | auf 1 Pfd. Garn = | 0.14 d. |
| | | Gesammtkosten | 10.32 d. |
| | | Mehrwerth | 1.93 d. |
| | | pro Pfund Garn | 12.25 = 12¹/₄ d. |

Der Mehrwerth von 1.93 d. pro Pfd. Garn ist für ℔ 10,000 gleich £ 80, conform der Höhe des Mehrwerthes, welchen Marx selber ausgerechnet hat.

Wir Spinner calculiren dagegen folgendermaßen:

| | | | |
|---|---|---|---|
| Baumwolle | ℔ 1,11 à 7 ³/₄ d. auf 1 Pfd. Garn | | = 8.60 d. |
| Unkosten | £ 17 ¹/₂ pr. Woche = 4200 d. auf ℔ 10,0000, | | |
| | | auf 1 Pfd. Garn = | 0.42 d. |
| Löhne | „ 34 „ „ = 8100 d. auf ℔ 10,000, | | |
| | | auf 1 Pfd. Garn = | 0.81 d. |
| Abschreibung | „ 16 „ „ = 3840 d. auf ℔ 10,000, | | |
| | | auf 1 Pfd. Garn = | 0.39 d. |
| | | Erstellungskosten | 10.22 d. |
| | | Gewinn | 2.03 d. |
| | | pro Pfund Garn | 12.25 = 12¹/₄ d. |

Zur Erläuterung ist zu bemerken:
1) Bei 10 % Baumwollenabgang ist für 1 ℔ Garn ℔ 1,11 Baumwolle anzusetzen, denn 1,11 abzüglich 10 % ist = 1.
2) Die Unkosten betrugen 1871 in einer englischen Spinnerei No. 32 spinnend ca. 1³/₄ Sh. pr. Spindel und Jahr, d. h. auf 10000 Spindeln im Jahr 17,500 Sh. = 350 Sh. per Woche = £ 17¹/₂.
3) die Löhne ca. 3²/₅ Sh. pr. Spindel und pr. Jahr = 34,000 Sh. = 680 Sh. pr. Woche = £ 34.
4) die Abschreibung 5 % auf £ 10000 Maschinen und £ 6000 Gebäude = £ 16000 = £ 800 im Jahr = £ 16 pr. Woche.
5) Vom Kapitalzins ist abgesehen, um die Rechnung nicht zu compliciren.

Ueberblickt man beide Tabellen, so findet man, daß sie in ihrem Endresultat nahezu übereinstimmen; die Differenz ist nur ¹/₁₀ d.!

Zu nahezu gleichem Resultat gelangt man, wenn man nach dem Vorgang von Marx die Calculation auf ℔ 10000 Garn pr. Woche stellt.

|  | Nach Marx: |  | Wirkliche: |  |
|---|---|---|---|---|
| Baumwollkosten | £ 342 |  | £ 358 ¹/₂ |  |
| Oel | „ 4¹/₂ |  |  |  |
| Kohlen | „ 4 ¹/₂ | alle | „ 17 ¹/₂ |  |
| Gas | „ 1 | Unkosten |  |  |
| Löhne | „ 52 | Löhne | „ 34 |  |
|  | £ 404 |  | £ 410 |  |

Die Differenz ist £ 6 = 1440 d. = $\frac{14}{10}$ d. per Pfund Garn, also nur ⁴/₁₀ d. größer als bei der ersten Calculation.

In beiden Calculationen differiren **alle einzelnen Zahlen**, und doch ist das Gesammtresultat fast das gleiche. Was soll dies bedeuten?

Ich verzichte auf die Auflösung dieses Räthsels. Ich kann nicht glauben, daß Marx die Ziffern „zugerichtet" hat, um die Differenz von Baumwollpreis und Garnpreis **gemäß seiner Theorie** zu füllen. Aber Eins ist gewiß, die Rechnung von Marx ist falsch, total falsch. Sie ist keinen Schuß Pulver wert. **Die Marx'sche Darstellung des Garnproduktionsprozesses ist falsch von Anfang bis zum Ende.**

Gegen die Marx'sche Darstellung des Produktionsprozesses habe ich noch ein anderes Bedenken.

Was wollte Marx mit dieser Darstellung geben? Den Werthbildungsprozeß des Garnes nach seiner Theorie oder die Kostenberechnung des Garnes, wie wir Praktiker solche aufstellen? Marx beabsichtigte, seine Leser in seine Lehre über die Rate des Mehrwerths „einzuexerciren". Den Mehrwerth glaubt er theoretisch nachgewiesen zu haben; er will auch dessen wirkliche Existenz nachweisen. Hiebei verfährt aber Marx, wie mir scheint, ganz willkürlich; er gibt weder den Werthbildungsprozeß nach seiner Theorie noch die Garnkostenberechnung nach der Aufstellung der Praktiker.

In der Marx'schen Darstellung finden wir die Werthelemente gemäß seiner Theorie, nämlich den Rohstoff und die Hilfsstoffe; aber er setzt nicht deren Werthe ein, sondern deren laufende Preise. Werth und laufende Preise sind aber nach Marx ganz verschiedene Dinge. Der Werth der Baumwolle, sowie der Kohle und des Gases, ist gleich einem bestimmten, in Pence ausdrückbarem Goldquantum, dem Aequivalent des Werthes der zur Produktion dieser Stoffe gesellschaftlich nothwendigen Arbeitszeit. Von diesem Werth ist nirgends die Rede. Marx setzt sich darüber hinweg; er erklärt resolut*): Was der Werth der Baumwolle, ist nicht erst zu untersuchen, denn der Kapitalist hat sie auf dem Markt zu ihrem Werth gekauft.

---

*) I. S. 149.

Wirklich? Ich meine, der Kapitalist kauft die Baumwolle auf dem Markt nicht zu dem Werth der Marx'schen Theorie, sondern zu dem Werth, den sie gerade zur Zeit des Kaufabschlusses besitzt, d. i. zu dem laufenden Preise, welcher sich durchaus nicht mit dem Marx'schen Werthe deckt.

Im fernern führt Marx den Miethzins für das Fabrikgebäude als werthbildendes Element ein; der Miethzins aber ist doch sicherlich kein Hilfsstoff. Wenn er aber den Miethzins für das Fabrikgebäude als werthbildendes Element einführt, so muß er auch den Miethzins für die Maschinen einführen, und ebenso, wenn der Kapitalist Eigenthümer von Gebäude und Maschinen ist, den Zins für dieses Anlagekapital und im weitern auch noch den Zins für das Betriebskapital. Dies wiederspricht aber der Marx'schen Theorie, nach welcher der Kapitalzins in dem Werthbildungsprozeß nicht zum Vorschein kommen kann, da er kein werthbildendes Element ist.

Wie die Marx'sche Darstellung des Garnwerthbildungsprozesses sich nicht mit seiner Theorie im Einklang befindet, so auch nicht mit der Garnkostenberechnung des Praktikers. Er bleibt an seinen Werthelementen hängen, und ignorirt deßhalb die mannigfaltigen zu dem Garnproduktionsprozeß erforderlichen Kosten, ohne welche Garn überhaupt nicht produzirt werden kann. Sie sind keine Hilfsstoffe, folglich existiren sie nicht für ihn in dem Werthbildungsprozeß!

Auch in dieser Beziehung erachte ich die Marx'sche Darstellung des Garnproduktionsprozesses für eine ganz falsche; sie ist ein Mischmasch aus seiner Werthbildungstheorie und aus der Garnkostenberechnung des Praktikers.

## Dritter Brief.

Sie haben, verehrter Herr Professor, in Ihrem System der Sozialpolitik schon aufmerksam gemacht, auf welche saloppe Art Marx mit den Beweisen für die von ihm behaupteten Thatsachen umgeht. Ich bin in der Lage, die Beispiele, welche Sie anführen, um einige zu vermehren, wobei ich mich selbstverständlich auf die Baumwoll-Industrie beschränke.

1. In dem Abschnitt: Intensifikation der Arbeit S. 373 ff. des „Capitales" bedürfen eine ganze Reihe von Zahlenangaben der Berichtigung:

    a) Aus einem Bericht des Lord Ashley*) an das Haus der Gemeinen im Jahr 1844 ist das alte und seitdem oft wiederholte Märchen von den 20 Meilen aufgenommen, welche ein Spinner während seiner Tagesarbeit zu durchlaufen habe. Dies war weder für 1844 richtig, noch ist es richtig für heute. Im Jahre 1844 war die Selbstspinn-Maschine noch nicht im Gebrauch, der Spinner war ein sogenannter Handspinner; er hatte den automatisch herausgefahrenen Spinnstuhl wieder zurückzustoßen und zwar in langsamer Bewegung. Dabei hatte er einen Raum von mehr als etwa 1 Meter zu durchgehen, diesen Raum wieder zurückzulegen und

---

\* I, S. 278.

an dem zweiten Spinnstuhl dieselbe Operation vorzunehmen. Dies gab für je einen Auszug der 2 Stühle zusammen etwa 5 Meter. Wenn nun nach Lord Ashley an jedem Spinnstuhl die Zahl der Auszüge im 12stündigen Arbeitstag auf 2200 gesteigert war, so ergab dies für 4400 Auszüge à $2^{1/2}$ Meter 11 Kilometer, wenn die Stühle beständig gelaufen wären, was nicht der Fall war; denn zum Abnehmen der gesponnenen Cops, zum Anknüpfen der zerrissenen Spindelsaiten muß jeder Stuhl wenigstens während 15—20 Minuten im Tag abgestellt werden; der Spinner hatte somit etwa $10^{1/2}$ Kilometer $= 6^{1/2}$ englische Meilen im Tag in langsamer Bewegung zu durchgehen. Mit Einführung des Selbstspinners änderte sich dies zum Nachtheil des Spinners; er hatte nun den Spinnstuhl nicht mehr zurückzustoßen, dies vollzog sich automatisch, sondern nur Fäden anzusetzen, wie der Piecer—Ansezer; jetzt mußte er an den Stühlen der Länge nach bis auf eine gewisse Distanz laufen, aber nur wenn abgerissene Fäden anzusetzen waren. Ich habe an meinen neuen Selbstspinnern von je 1100 Spindeln für Nr. 40 die Bewegung des Spinners während 11 stündiger Arbeitszeit auf höchstens 13 Kilometer $= 8^{1/2}$ englische Meilen berechnet. Sein englischer Kollege wird auf 14 Kilometer kommen, er arbeitet zwar nur $9^{1/4}$ Stunden, hat aber nur einen Gehülfen, während der schweizerische Spinner deren zwei hat. Die Fabel von den 20 Meilen hat ihren Grund in der Annahme, der Spinner müsse bei jedem Auszug des Spinnstuhles die halbe Länge des Spinnstuhles durchlaufen, was durchaus nicht der Fall ist.

b) Aus einem Briefe des bekannten Ingenieur J. Nasmyth citirt Marx die Stelle \*): die moderne Dampfmaschine von derselben nominellen Pferdekraft wird mit größerer Gewalt getrieben als früher.

Nasmyth will damit sagen, die Dampfmaschine sei in ihrer Konstruktion derart verbessert worden, daß eine ältere Dampfmaschine von 50 Pferden durch Anbringung von Verbesserungen und mehr Dampfdruck auf 100 Pferde gebracht werden könne.

Marx versteht dies dahin, es könne mit 50 Pferden mehr getrieben werden als früher, und führt als Beweis hiefür die Statistik von 1850 und 1856 an. Für das erste Jahr hätten die Fabriken des Vereinigten Königreiches 134,217 nominelle Pferdekräfte zur Bewegung von 25,638,716 Spindeln und 301,495 Webstühlen verwendet, im letzten für 33,503,580 Spindeln und 369,205 Webstühle nur 161,435 Pferdekräfte, 10,000 weniger als proportionell erforderlich gewesen wären.

Zunächst irrt Marx, wenn er annimmt, Nasmyth habe der Pferdekraft größere Gewalt zugeschrieben, so daß ein Pferd nun mit der verbesserten Dampfmaschine mehr treibe, als vorher. Das ist handgreiflich falsch; Nasmyth war der Meinung, eine Dampfmaschine von 50 Pferden, welche 5000 Spindeln treibe, könne auf 100 Pferde zum Betrieb von 10,000 Spindeln gebracht werden; nicht: eine verbesserte Dampfmaschine von 50 Pferden könne nun mit 50 Pferden 10,000 Spindeln treiben. Die Intensität der Pferdekraft kann nicht gesteigert werden, wohl aber die Anzahl der Pferdekräfte. Ist dies richtig, so müssen die Marx'schen

---

\*) I. S. 380.

Angaben der Pferdekräfte für 1856 unrichtig sein; in diesem Jahr müssen dieselben nicht allein proportionell um 10,000 Pferde höher gewesen sein als 1850, sondern auch noch um weitere Tausende von Pferden, da zwischen den Jahren 1850 und 1856 sich in England die Umwandlung der Handstühle in Selbstspinner vollzog, was nicht allein für die bestehenden Spinnereien, soweit sie die Handstühle auf Selbstspinner abänderten, mindestens 25% mehr Kraft erforderte, sondern auch für die neu errichteten Spinnereien. Wenn 1850 134,217 Pferdekräfte erforderlich waren, was ich nicht controllieren kann, so waren es 1856 mindestens 190,000, und nicht rund 160,000, wie Marx sagt.

Im Fernern sind die Angaben von Marx in Bezug auf die Spindelzahl nicht richtig; S. 400 beziffert er dieselbe für das Vereinigte Königreich mit 30,387,494 für 1861; da kann doch die Spindelzahl 1856 nicht 33,503,580 gewesen sein, dieselbe ist von 1856 nicht gefallen, sondern gestiegen. Die englische Spinnerei hatte damals vier gute und ein schlechtes Jahr, somit Veranlassung zu weiterer Ausdehnung.

Ellison gibt S. 73 seines Cotton Trade of Great Britain
1850: Spindeln 20,977,017, Webstühle 249,627
1861: Spindeln 30,387,467, Webstühle 399,992
an. Ellison ist eine bekannte Autorität, sehr gewissenhaft in seinen Angaben. Danach wäre die Spindelzahl 1856 etwa **26,000,000** Spindeln gewesen, und nicht **33,500,000**, wie Marx angibt.

c) Die Behauptung von Marx S. 381, die Zahl der Fabriken in England sei von 1850 bis 1856 um

86% gestiegen, ist eine enorme Uebertreibung, die keiner Widerlegung bedarf.

d) Auf der gleichen Seite 381 ist zu lesen: Seit 1850 wurde in vielen Fällen in der Wollen-Weberei die Geschwindigkeit der Spindeln und Webstühle v e r d o p p e l t. Dies ist nicht richtig für die Zeit von 1850 bis 1867, geschweige denn für die Zeit von 1850 bis 1856, welche Marx im Auge hatte. Für die Baumwoll-Spinnerei gibt Marx selber S. 379 eine Zunahme der Spindelumdrehungen für Throstles von 4500 in 1839 auf 5000 in 1862, also um $1/10$, für Mules von 5000 auf 6000, also um $1/5$ an; für die Weberei S. 378 von 60 Schlägen in 1819 auf 140 in 1842. Eine ähnliche langsame Zunahme der Geschwindigkeit fand statt bei der Wollspinnerei und -Weberei, vielleicht langsamer als in der Baumwoll-Industrie, indem die Maschinenfabrikanten bei der Woll-Industrie sich die Erfahrungen der Baumwoll-Industrie zu Nutzen machen, mithin der Maschine gleich von Anfang eine größere Geschwindigkeit geben konnten. Marx denkt vielleicht bei der Wollenweberei an den Ersatz der Handwebstühle durch Maschinenstühle, da wäre eine Verdopplung der Geschwindigkeit in 6 Jahren wohl möglich gewesen. Aber er spricht ausdrücklich nur von Maschinenwebstühlen. Man darf nicht übersehen, daß es keine Schwierigkeiten hat, einen Webstuhl von 80 Schlägen auf 160 zu bringen; aber es bedarf geraume Zeit bis eine solche Verdopplung praktisch verwerthet werden kann. Es müssen die Vormaschinen nicht allein vermehrt, sondern auch verbessert, zum Theil auch mit dem Rohstoff geändert werden. Was nützt es den Wollweber, den Webstuhl um 30 bis 40 % zu forciren, wenn die Fäden beständig abreißen, weil sie die Geschwindigkeit nicht auszuhalten vermögen? Es kann sich somit die Geschwindigkeit der Wollenwebstühle unmöglich, und noch viel weniger die der Wollenspinnstühle in sechs Jahren verdoppelt haben.

2. Auf S. 391 läßt Marx 800,000 „Baumwollweber" durch Erfindung des Dampfwebstuhles auf das Pflaster geworfen werden; auf S. 415 sind es 1838: 800,000, inclusive der von ihnen beschäftigten Familien = Mitglieder. Nun waren zu keiner Zeit in Großbritanien 800,000 Menschen in der Baumwoll-Handweberei beschäftigt. Ellison\*) gibt als Maximalzahl 225,000 an für 1833. Von da an verschwinden jährlich etwa 14,000 Handweber bis 1845, wo noch circa 60,000 vorhanden waren. Der Dampfwebstuhl verdrängte den Handstuhl von 1833 an in raschem Tempo. Es war schlimm genug, daß von 1833 bis 1845 etwa 165,000 Handweber aus ihrem Berufe hinausgedrängt wurden und zu der Maschinenweberei und andern Industriezweigen übergehen mußten. Aber Marx chargirt zu agitatorischem Zweck. Anstatt etwa 155,000 Handweber für 1838 gibt er zuerst 800,000, alsdann 800,000 inclusive der beschäftigten Familienmitglieder. Das wirkliche Elend genügt ihm nicht, er muß es stets übertreiben.

3. Die Tabelle S. 412 hat den Zweck, die Zahl der modernen „Haussklaven" — hat Marx, der den Berichten nach doch recht aristokratisch lebte, keine Dienstboten gehabt? — gegenüber den Industriearbeitern hervorzuheben. Es werden unter anderen für 1861: 642,607 Personen aufgeführt als die Gesammtzahl aller in Baumwoll-, Woll-, Worsted-, Flachs-, Hanf-, Seiden- und Jutefabriken und in der mechanischen Strumpf-

---

\*) Cotton Trade, S. 65.

wirkerei und der Spitzenfabrikation Beschäftigten. Dies ist nicht richtig; es soll heißen: soweit diese Fabriken dem Fabrikgesetz unterworfen waren\*). In der Baumwollindustrie standen bis August 1861 die Bleichereien und Färbereien, in der Wollen= und Seiden=Industrie die Färbereien noch nicht unter dem Fabrikgesetz; sie beschäftigten viele tausende von Arbeitern. Für die Spitzenmanufaktur gibt Marx S. 431 150,000 Arbeiter an, darunter nur 10,000 unter dem Fabrikgesetz stehend, für die Strumpfwirkerei S. 440, Anm. 275, 129,000 Personen, deren nur 4063 unter dem Fabrikgesetz. Marx beabsichtigt die Anzahl der Textilarbeiter herabzudrücken, damit die der Hausklaven\*\*) um so größer erscheine, das hat er erreicht, indem er kaum zwei Drittel der Textilarbeiter aufzählt, nur die unter dem Fabrikgesetz Stehenden.

4. Auf S. 424, Anm. 245, ist die ungeheuerliche Angabe in einem Aufruf der Baumwollarbeiter, betreffend den officiellen Werth der exportirten Baumwollgüter, richtig zu stellen. Es wird angegeben

---

\*) Ich besitze kein Dokument, aus welchem ich die Zahl der 1861 unter dem englischen Fabrikgesetz stehenden Textilarbeiter entnehmen könnte. Ich berufe mich auf Marx selber, welcher S. 595 Anmerkung 78 angibt, der Census zeige für 1861

| | |
|---|---|
| Worsted Manufakturen .... | 79,242 Personen |
| Seidenfabriken ....... | 101,676 " |
| Kattundruckereien ...... | 12,556 " |
| Baumwollspinnerei und =Weberei | 456,676 " |
| | 650,112 Personen. |

Für diese vier dem Fabrikgesetz unterworfenen Industriezweige zählt Marx somit auf S. 595 etwa 8000 Personen mehr auf, als er S. 412 für die ganze Textil=Industrie angibt. Abermals ein Beweis, wie leichtfertig er mit Zahlen umgeht.

\*\*) Unter die Domestic servants fallen meines Wissens auch die ländlichen Knechte und Mägde, nicht die Bedienten und Dienstboten allein.

officieller Werth 1814 £ 17,665,378
wirklicher Werth „ „ 20,070,824
officieller Werth 1858 „ 182,221,681
wirklicher Werth „ „ 43,001,322

Das wird man nicht leicht verstehen, auch wenn Marx den officiellen Werth „als Index der Quantität" erläutert. Es ist nämlich bei dem officiellen Werth gemeint: Gewichtspfunde, es sind somit 1858 dem Gewicht nach mehr als zehnmahl mehr Baumwollgüter; dem Werthe nach aber nur das Doppelte exportirt worden. An Stelle des £ sollte bei dem officiellen Werthe das Zeichen ℔ stehen.

5. Mit der Redgrave'schen Tabelle ist Marx schlimm hineingefallen.*) Diese Tabelle enthält die Durchschnittsanzahl von Spindeln pro Arbeiter, wie folgt, wobei ich mir erlaube, die Zahl der Arbeiter per 1000 Spindeln, des besseren Verständnisses wegen, beizusetzen:

In Frankreich kommt eine Person auf 14 Spindeln = 71 auf 1000 Spdln.
„ Rußland „ „ „ „ 28 „ = 36 „ „ „
„ Preußen „ „ „ „ 37 „ = 27 „ „ „
„ Baiern „ „ „ „ 46 „ = 21,7 „ „ „
„ Oesterreich „ „ „ „ 49 „ = 20,4 „ „ „
„ Belgien „ „ „ „ 50 „ = 20 „ „ „
„ Sachsen „ „ „ „ 50 „ = 20 „ „ „
„ den kleinern
deutsch. Staaten „ „ „ „ 55 „ = 18 „ „ „
„ der Schweiz „ „ „ „ 55 „ = 18 „ „ „
„ Großbritanien „ „ „ „ 74 „ = 13,6 „ „ „

„Diese Vergleichung, sagt Herr Redgrave, ist außer andern Gründen, besonders auch deßwegen für Großbritanien ungünstig, weil dort eine sehr große Zahl Fabriken existirt, worin die Maschinenweberei mit der Spinnerei verbunden ist, während die Rechnung keinen Kopf für die Webstühle abzieht. Die aus-

---
*) I, S. 525.

wärtigen Fabriken sind dagegen meist bloße Spinnereien. Könnten wir genau Gleiches mit Gleichem vergleichen, so könnte ich viele Baumwollspinnereien in meinem Distrikt aufzählen, worin Mules mit 2200 Spindeln von einem einzigen Mann und zwei Handlangerinnen überwacht und täglich 220 Pfund Garn, 400 englische Meilen in Länge fabrizirt werden."

Diese Tabelle ist somit nach Herrn Redgrave für Großbritanien nicht zu verwenden; sie ist aber auch für die übrigen Länder nicht zu verwenden, darum weil alle Angaben falsch sind.

Frankreich soll 1866 71 Arbeiter auf 1000 Spindeln verwendet haben; es besaß damals ca. $4^{1/2}$ Millionen Spindeln; dieselben hätten somit 304,500 Arbeiter in Anspruch genommen! In Wirklichkeit kamen damals
auf eine elsässische  Spinnerei 8—9 Arbeiter*) pr. 1000 Spbln.
„    „ nordfranzösische „ 9—10 „ „ „ „
insgesammt also etwa 40,000 Arbeiter auf die $4^{1/2}$ Millionen Spindeln, nicht 304,500.

Auch stand Frankreich nicht an der Spitze, sondern wie heute noch Rußland, damals mit etwas mehr als 15 — nicht 36! — Arbeitern auf 1000 Spindeln. In der Schweiz zählte man 7—8, nicht 18! Arbeiter; in Oesterreich (Böhmen) 10—12, nicht 20·4; für die deutschen Staaten und Belgien 8—11, nicht 20—27! Großbritanien hatte damals 4 bis 5, nicht 13·6 Arbeiter, die sehr zahlreichen Feinspinnereien eingerechnet.

Auf welchem Wege Herr Redgrave zu seinen Zahlen gekommen ist, weiß ich nicht; sie sind aber so handgreiflich falsch, daß Marx dies hätte bemerken und die Zahlen nachprüfen müssen.

---

*) Ich zähle überall nach der englischen Art, also exklusive der Aufseher, Heizer, Maschinisten, Professionisten, Taglöhner, Haspleriunen.

6. Auf S. 345 ist zu lesen anstatt Spinnmaschine: Streck=
maschine (Laminoir). Kurz bevor Marx sein Buch herausgab,
war für die Streckmaschine eine Vorkehrung erfunden worden,
welche bei dem Abreißen der Baumwollbänder die Maschine ab=
stellte. Es wurde dadurch verhütet, daß die Maschine nach
dem Abreißen des Bandes — es können 50 Bänder an einer
Maschine sich befinden — weiter arbeitete, und dadurch das Band
zu Abgang wurde bis die Arbeiterin es bemerkte und selber die
Maschine abstellte. An der Spinnmaschine wäre eine solche
Vorkehrung ganz widersinnig; wenn dieselbe, welche bis auf
1250 Fäden auf einmal spinnt, bei jedem Fadenbruch automatisch
abgestellt würde, so müßte sie bei jedem Auszug abgestellt werden,
denn ein Faden bricht sicherlich bei jedem Auszug. Die
Maschine müßte daher mehr Zeit still stehen, als arbeiten!

Ich wünsche über das Material, das Marx zur Illu=
stration seiner Theorien herangezogen hat, noch einiges zu bemerken.

Wer ohne genaue Kenntniß der heutigen englischen Arbeiter=
verhältnisse das Marx'sche „Kapital" liest, wird vielleicht der
Meinung sein, daß die greulichen Zustände, welche Marx
schildert, auch noch heute fortbestehen. Dies ist aber durch=
aus nicht der Fall; diese Zustände sind verschwunden. Die
englische Fabrikgesetzgebung, die wachsende Macht der Arbeiter,
die größere Einsicht der Fabrikanten in die Arbeitsbedingungen
haben gründlich aufgeräumt. Selbstverständlich wird dies von
Marx in der zweiten Auflage des „Kapitals" ignorirt; in der
vierten Auflage, von Engels herausgegeben, wird — wenn ich nicht
irre — nur an drei Stellen in einer Note (!) bemerkt:
was Marx im Text gesagt, sei für die Gegenwart veraltet.
In Wirklichkeit ist weit mehr zu sagen: Die Entwicklung
der englischen Arbeiterverhältnisse hat sich in einer Weise

vollzogen, daß die Marx'schen immanenten Gesetze sich scheu in die Dunkelheit verkriechen müssen, in welcher sie billigerweise hätten von Anfang an verbleiben sollen. Es ist nicht wahr, daß der gegenwärtige Waarenproduktionsprozeß mit Nothwendigkeit Elend und immer größeres Elend auf Seiten der Arbeiter und Reichthum und immer größern Reichthum auf Seiten der Kapitalisten erzeugen muß. Aus den unzähligen Thatsachen, welche das Gegentheil beweisen, will ich mir erlauben, eine einzige, aber sehr charakteristische, anzuführen.

In Oldham — dem Hauptsitz der englischen Baumwollspinnerei — wird jedes Jahr die Kirchweih, Wakes genannt, Ende August gefeiert; die Fabriken wurden aus diesem Anlaß früher zwei Tage, jetzt vier bis sechs Tage geschlossen. Nun legen die Arbeiter sich Anfang September jedes Jahres Kassen an, um aus denselben ihr Kirchweihvergnügen zu bestreiten. Solcher Kassen gibt es mehr als vierzig, jede mit einem besondern Namen, je nach der Stammkneipe der Arbeiter oder dem politischen oder religiösen Klub, welchem sie angehören. In diese Kassen legen sie 1 penny bis 1 shilling oder mehr in der Woche ein; das Geld wird auf Zinsen angelegt, Ende August wieder zurückgezogen und zumeist zu Ausflügen bis nach Edinburg und London, insbesondere aber an die Meeresküste verwendet. Extrazüge bringen die Arbeiter mit Kind und Kegel dahin. Es wurden zusammengebracht:

| | | | |
|---|---|---|---|
| 1892 | ℒ 80,000 | = 2,000,000 | Franken |
| 1893 | „ 70,000 | = 1,750,000 | „ |
| 1894 | „ 72,000 | = 1,800,000 | „ |

und zwar 1893 ungeachtet etwa 20,000 Arbeiter in Oldham durch den Lockout während 5 1/2 Monaten broblos gewesen waren.

Es waren Jahre elenden Geschäftsgangs für die Fabrikanten.

Das sind bloße Streiflichter, Gelegenheitsbilder; aber sie zeichnen die Situation vielleicht besser als weitläufige Statistiken.

## Vierter Brief.

Hier nun ein Wort, verehrter Herr Professor, über verschiedene Dinge: über die Scheidung des Kapitals in konstantes und variables bei Marx, und über die Konsequenzen, die er daraus ableitet, sowie über das Verhältnis des „konstanten" zum „variablen" Kapital in der englischen Baumwollspinnerei vor einem Vierteljahrhundert gegen jetzt.

In Bezug auf die Klassifikation des Kapitales, welches im Waarenproduktionsprozeß zur Anwendung kommt, verläßt Marx ebenfalls den üblichen Weg und betritt neue Bahnen.

Wir Praktiker theilen das Kapital im Produktionsprozeß in zwei Theile: in das Anlage- und das Betriebs-Kapital. Jenes ist das in Gebäude und Maschinen festgelegte, dieses das zirkulirende Kapital, das in beständiger Bewegung in den Produktionsprozeß eingeht und aus ihm wieder herauskommt. Diese Eintheilung des Kapitales kann Marx selbstverständlich nicht verwenden*), er theilt das Kapital in konstantes und variables Kapital.

Warum teilt Marx das Kapital in konstantes und variables? Antwort: wegen der Höhe der Rate des Mehrwerthes. Ich bin in der Lage, dieses nachzuweisen.

Wir Praktiker beziehen den Gewinn auf das Gesammt-Kapital; sind £ 1000 das in einem Produktionsprozeß ver-

---

*) II, S. 168 ff.

wendete Kapital und ℒ 100 der Gewinn, so ist der Gewinn = 10% des Gesammtkapitales. In dem Gewinn steckt jedoch der Zins — sagen wir 5% — so daß der Reingewinn nur 5% beträgt. Nun repräsentirte zur Zeit, als Marx sein Kapital schrieb, 5% Gewinn über 5% Zins hinaus einen durchschnittlichen Gewinn, während bekanntlich heut zu Tag ein Reingewinn von 5% ziemlich hoch über dem Durchschnitt des gegenwärtig im Waarenproduktionsprozeß zu erreichenden Gewinnes steht. Aber mit einem so miserablen Gewinn von 5% — Mehrwerth nach Marx — konnte Marx nichts anfangen. Wegen 5% Gewinn lohnt es sich wahrlich nicht der Mühe, die bestehende Produktionsweise umzustürzen und die Arbeiter zur Revolution aufzurufen; dazu bedarf es stärkerer Motive. Das Problem für Marx bestand darin, einen ganz unverschämten Gewinn nachzuweisen, welcher so recht drastisch einerseits den schamlosen Heißhunger der Kapitalisten nach Gewinn, andererseits die ebenso schamlose zwangsweise Ausdehnung der unbezahlten Mehrarbeitszeit ins Licht zu stellen vermöchte. Dies hat er mit seiner Konstruktion der Begriffe des konstanten und variablen Kapitales gethan. Es soll nicht behauptet werden, daß er darum jene Begriffe geschaffen hat. Sie drängten sich ihm auf aus seiner grundsätzlichen Auffassung, wonach die Arbeit allein Mehrwert erzeugt. Trotzdem hätte erörtert werden dürfen, ob bei Berechnung und Würdigung des vom Kapitalisten realisirten Gewinns dieser nicht auch auf das von ihm eingeschossene Kapital bezogen werden müsse. Marx hat dieser Frage im zweiten Bande längere Erörterungen gewidmet. Aber dieselben[*]) sind durchaus sophistischer Natur.

    Um die Rate des Mehrwerthes auf 100%, 200% und noch höher zu steigern, wurde der Mehrwerth auf ein möglichst

---

[*]) II. 21 ff.

kleines Kapital bezogen; angenommen der Mehrwerth sei £ 90, das Kapital auf welches er sich bezieht, nur £ 45, so ist der Mehrwerth 200%.

Marx unterscheidet in dem Gesammtkapital, welches in den Produktionsprozeß eingeht und am Ende desselben wieder erscheint, zwei verschiedenartige Bestandtheile: das Kapital für die Rohstoffe, die Hilfsstoffe, die Abnutzung einerseits, das Lohnkapital und das Mehrwerthkapital anderseits. Dasjenige Kapital, welches seinen Werth im Lauf des Produktionsprozesses nicht verändert, nennt Marx konstantes Kapital; das Lohnkapital: variables Kapital.

Daß der Werth des Rohstoff- und Hilfsstoffkapitales mit gleichem Betrag am Ende des Produktionsprozesses erscheint, mit welchem er eingegangen ist, ist durchaus richtig; anders steht es mit der Abnutzung.

Marx führt aus: das Maschinenkapital gibt im Produktionsprozeß nur einen bestimmten Bestandtheil, den Werth der Abnutzung ab und verschwindet alsdann aus dem Produktionsprozeß. Es sei das Maschinenkapital = £ 1054; die Abnutzung sei = £ 54, so gehen nur £ 54 ein und erscheinen am Ende des Produktionsprozesses wieder, die andern £ 1000 verschwinden. Da diese £ 54 eingehen und £ 54 bleiben, so sind sie konstantes Kapital.

Indem Marx das Maschinenkapital in den Produktionsprozeß einsetzte, hatte er eine Schwierigkeit zu überwinden, wie folgendes Beispiel erweist:*)

Es sei das Roh- und Hilfsstoffkapital £ 356,
   „      Lohnkapital      „   90,
   „      Maschinenkapital   „ 1054,

---
*) I. 174.

so ist das Gesammtkapital, das in den Produktionsprozeß eingeht, £ 1500. Das Maschinenkapital darf aber am Ende des Produktionsprozesses nicht mit £ 1054 herauskommen, sondern nur mit £ 54, dem Werth der Abnutzung; das Maschinenkapital darf ja nicht in dem ersten Produktionsprozeß vollständig konsumirt werden, es muß in einer Reihe von Produktionsprozessen funktioniren, und in jedem einzelnen Prozeß £ 54 abgeben, bis es vollständig konsumirt ist. Wie hilft sich da Marx? Er macht kurzen Prozeß; er eliminirt £ 1000 des Maschinenkapitals am Anfang und Ende des Produktionsprozesses; es sind nicht £ 1054, es sind nur £ 54 vorgeschossen worden. Aber wo sind die eliminirten £ 1000 hingekommen? Antwort: sie sind in einer Versenkung verschwunden, aber nicht für immer; im weitern Verlauf des Produktionsprozesses tauchen sie wieder aus der Versenkung auf, geben wieder £ 54 ab und verschwinden wieder, bis das Maschinenkapital vollständig aufgezehrt ist.

Dies ist sehr geistreich erfunden und recht hübsch dargestellt, ungefähr wie in einer Zauberoper; allein was ist des Pudels Kern? Stimmt man Marx zu, so gibt es im Produktionsprozeß überhaupt kein Maschinenkapital; dasselbe steht **außerhalb** des Produktionsprozesses, und aus dem Bestand des außerhalbstehenden Maschinenkapitals legt dieses, resp. dessen Eigenthümer, jedesmal £ 54 in den Produktionsprozeß ein. **Gibt es aber kein Maschinenkapital innerhalb des Produktionsprozesses**, also kein Kapital für Maschinen und Gebäude, **so kann überhaupt nicht produzirt werden**.

Die Marx'sche Konstruktion des konstanten und variablen Kapitals erweist sich, wenn man die Konsequenzen zieht, als anfechtbar im höchsten Grade.

Es ist aber außerdem der Marx'sche Begriff des konstanten Kapitals viel zu eng gefaßt. Um Garn zu produziren, bedarf es noch mehr als Rohstoffe, Hilfsstoffe, Maschinerie und Löhne. Es sind dazu noch eine Menge Hilfsmaterialien erforderlich, die sich beständig abnutzen und ersetzt werden müssen; die Transmissionen und einzelne Bestandtheile der Maschinen brechen zusammen und müssen reparirt oder ersetzt werden, ein Sturm wirft das Fabrikkamin um, es muß wieder aufgebaut werden. Für alles dies ist kein Kapital vorhanden. Die Folge davon ist, daß der kaum begonnene Produktionsprozeß wieder aufhören muß. Eine Spinnerei z. B. könnte schon nach zwei Tagen nicht mehr Garn produziren, wenn die täglich abreißenden Spindelsaiten nicht sofort ersetzt würden; bricht der Hauptwellbaum, so hat das Produziren ebenfalls ein Ende. Das zur Wiederherstellung erforderliche Kapital ignorirt Marx, es findet in seiner Theorie keinen Platz.

Zur Erläuterung der Rate des Mehrwerthes führe ich hier nochmals das Beispiel an, welches Marx bei der Darstellung des Garnproduktionsprozesses gegeben hat.

Der Preis der wöchentlich produzirten 10,000 ℔
Garn à 12¼ d ist = . . . . . . . ₤ 510. —
Darin sind enthalten ₤ 378. — konstantes Kapital, welche wieder verschwinden müssen, also ab „ 378. —
bleiben ₤ 132. —

Davon sind ₤ 52. — Lohnkapital,
„ 80. — Mehrwerth.

Die Rate des Mehrwerthes ist somit $80/52 = 153\ 4/13\%$, und da die Rate des Mehrwerthes auch das Verhältniß der Mehrarbeit zur nothwendigen Arbeitszeit ausdrücken soll, so ist bei zehnstündiger Arbeitszeit

die nothwendige Arbeitszeit = $38^{1}/_{33}$ Stunden,
„ Mehrarbeit = $6^{2}/_{33}$ „ .

Bezieht man den Mehrwert auf das gesamte Kapital, so ist die Rechnung diese: Das gesammte Kapital ist: K 378 + 52 = K 430, folglich:

Die Rate des Mehrwerthes = $18^{26}/_{43}$ %,
„ nothwendige Arbeitszeit = $8^{22}/_{51}$ Stunden,
„ Mehrarbeit = $1^{29}/_{51}$ „ .

Ich möchte mir hiezu noch eine Bemerkung erlauben. Der Preis des Garnes bestimmt den Mehrwerth, und damit auch die Rate des Mehrwerthes; sinkt der Preis, so sinkt die Rate des Mehrwerthes und damit auch die Mehrarbeit, steigt der Preis, so steigen die Rate des Mehrwerthes und die Mehrarbeit. Nun steht aber der Preis außerhalb des Produktionsprozesses; er ist das Produkt der verschiedensten außerhalb des Produktionsprozesses wirkenden Faktoren. Wenn aber der Preis dieses Verhältniß der Mehrarbeit zu der nothwendigen Arbeitszeit regulirt, wo bleiben da die dem Waarenproduktionsprozeß immanenten Gesetze, welche auf ein beständiges Herabdrücken der nothwendigen Arbeitszeit hinwirken?

Marx operirt mit den Begriffen „konstantes und variables Kapital" auch bei seiner Lehre von der Akkumulation. Er will nachweisen, daß im Akkumulationsprozeß das konstante Kapital beständig mehr zunehme, als das variable, d. h. daß in Folge der steigenden Produktionskraft der Arbeit immer mehr Rohstoffe, Hilfsmaterialien, Maschinen verwendet werden, während die Verwendung der Arbeitskraft nicht im gleichen Verhältnisse, im Allgemeinen im umgekehrten Verhältnisse stehe. Als Beispiel dient ihm die englische Baumwollspinnerei; am Anfang des Jahrhunderts sei in einer einzelnen Spinnerei das konstante Kapital etwa die Hälfte, das variable Kapital die andere Hälfte gewesen; heute aber — 1867, und nach der letzten Auflage auch 1890 — das erstere etwa $^7/_8$, letzteres $^1/_8$. Dem widersprechen jedoch die Thatsachen. Ich weiß nicht, in welcher Proportion diese beiden Kapitalien vor neunzig oder hundert Jahren gestanden sind, dagegen kenne ich die von 1871 und 1893.

Im Jahr 1871 war das nach Marx konstante Kapital einer englischen Spinnerei von 50,000 Spindeln:

a) Gebäude und Maschinen mindestens
 1 $^1/_2$ L. pr. Spindel = . . . £ 75,000
b) Baumwolle verbrauchte die Spinnerei bei einer Produktion von ℔ 140 Nr. 32 Zettel pr. 1000 Spindeln und Tag ℔ 2,331,000 zu einem durchschnittlichen Preis von 6 $^1/_2$ d. *)
 = £ 63,130, davon $^1/_5$**) = . „ 12,626
c) Hilfsstoffe pr. Spindel 1 Sh. 9 d. = £ 4,375, davon $^1/_5$ = . . „ 875

Zusammen £ 88,501

Für 1893 beträgt das konstante Kapital einer englischen Spinnerei:

a) Gebäude und Maschinen £ 1 per Spindel = . . . . £ 50,000
b) Baumwollverbrauch 22 % mehr wegen größerer Produktionskraft der Ma-

---

\*) Der Baumwollpreis war in den Jahren 1871—74 ein abnorm hoher, ich habe an dessen Stelle den Mittelpreis von 1874—77 gesetzt.

\*\*) In der kontinentalen Spinnerei ist der Kapitalsumschlag ein dreifacher im Jahre; für die englische wird ein fünffacher angenommen. Der englische Spinner hält weniger Baumwolle in seinem Magazin als der kontinentale, weil er jeden Tag in der Nähe — in Liverpool — Baumwolle einkaufen kann; seine Garne verkauft er in England comptant, der kontinentale Spinner auf 1—5 Monate Zeit.

schinen = ℔ 2,843,800 zu 4 ½ d,
dem mittleren Preis der letzten 3
Jahre = £ 53,320, davon ⅕ =    £ 10,664
c) Hilfsstoffe 1 ½ Sh.*) pr. Spindel =
£ 3,750, davon ⅕ =   .   .   „  750
                    Zusammen £ 61,414

Das konstante Kapital ist somit seit 22 Jahren um rund 27,000 £ gefallen.

Das variable Kapital ist mindestens gleich geblieben. Eine englische Grob=Spinnerei von 50,000 Spindeln beschäftigte 1871 3 ½—3 ¾ Arbeiter per 1000 Spindeln, heute nur 3 Arbeiter, also ⅐—⅙ weniger; die Löhne aber sind von 1871 bis heute um mindestens ⅐ gestiegen. Das variable Kapital wird 1871 circa £ 8000 gewesen sein, mithin bei fünffachem Umschlag circa £ 2700, heute ist es ebenso viel, wenn nicht mehr.

Die Proportion des konstanten zum variablen Kapital war demnach:

1871 £ 88,501 : 1600 = 55 : 1.
1893 „  61,414 : 1600 = 38 : 1.

Das konstante Kapital ist somit um ⅓ gefallen, das variable unverändert geblieben, eher gestiegen.

Als variables Kapital wurde bis jetzt nur das Lohnkapital berücksichtigt; nach Marx gehört der Mehrwerth dazu. Nun haben 1871 und die folgenden Jahre bis 1876 die englischen Spinnereien mit Gewinn gearbeitet, es mögen durchschnittlich 2—2 ½ Sh. per Spindel herausgekommen sein, also £ 5000 bis £ 6250 für 50,000 Spindeln. In den letzten 2 Jahren

---

*) Der Kohlenverbrauch ist in Folge von Vervollkommnung der Dampfmaschinen von 2 Kilo Kohlen pr. Pferd und Stunde auf 0,9 Kilo gefallen.

war das Resultat der Oldhamer Actienspinnereien Kapitalverlust; der Gewinn seit 1885 höchstens ½ Sh. per Spindel = £ 1250 im Jahr.

Das variable Kapital war demnach
1871 £ 1600 + 6250 = £ 7850.
1893 „ 1600 + 1250 = „ 2850.

Es ist somit gefallen, aber nur wegen Verminderung des Mehrwerthes, nicht wegen Verminderung des Lohnkapitales.

Faßt man die gesammte englische Baumwollspinnerei in's Auge, so dürfte sich folgendes Resultat ergeben.

Die Anzahl der Spindeln ist von 1871 bis 1893 gestiegen von 35,000,000 Spindeln auf 45,000,000.

Der Baumwollverbrauch ist gestiegen von rund 3 Millionen Ballen*) zu 400 Pfund auf 3,807,000 Ballen, wofür jedoch rund 4 Millionen zu setzen sind, weil 1893 wegen des Lockout mehrere 100,000 Ballen in England weniger als in einem Normaljahr verbraucht worden sind.

Die Hilfsstoffe sind von Sh. 1,9 d auf Sh. 1,6 d gefallen;

die Erstellungskosten für Gebäude und Maschinen von £ 1 ½ per Spindel auf £ 1, sogar auf 19 Sh.;

der Preis der Baumwolle von 6 ½ d auf 4 ½ d**).

Aus diesen Faktoren ergibt sich folgende Berechnung:

Konstantes Kapital 1871:
35,000,000 Spindeln à £ 1 ½ . . £ 52,500,000
Baumwollverbrauch 3 Millionen Ballen zu
   ℔ 400 à 6 ½ d = £ 10 ⅚ per
   Ballen = £ 32,400,000, davon ⅕   „ 6,480,000
Hilfsstoffe zu 1 Sh. 9 d per Spindel =
   £ 3,062,500, davon ⅕ . . „ 612,400
                                               £ 59,592,400

---

*) Nach Ellison 3,017,250 Ballen.
**) Im November 1894 sogar auf 2 ⅞ d.

Dagegen 1893:

| | |
|---|---|
| 45,000,000 Spindeln à £ 1 | £ 45,000,000 |
| Baumwollverbrauch 4 Millionen Ballen zu ℔ 400 à 4 1/2 d = £ 7 1/2 per Ballen = £ 30,000,000, davon 1/5 | „  6,000,000 |
| Hilfsstoffe 1 Sh. 6 d per Spindel = £ 3,375,000, davon 1/5 | „     667,500 |
| | £ 51,667,500 |

Das gesammte konstante Kapital der englischen Baumwollspinnerei war somit 1893 um £ 8,000,000 = 14 % kleiner als in 1871, trotz der Vermehrung der Spindelzahl um 30 %.

Das variable Kapital ist, wie früher bemerkt, relativ gleich geblieben und hat sich für weitere 10,000,000 Spindeln proportionell vermehrt, es ist somit um circa 1/3 gestiegen. War das Lohnkapital £ 1600 für 50,000 Spindeln, so war es

für 35,000,000 Spindeln in 1871 = £ 1,120,000
„  45,000,000     „    in 1893 = „ 1,440,000.

Es ist um £ 320,000 gestiegen.

Umgekehrt ist der Mehrwerth fast verschwunden. 1871 war derselbe circa 2 1/4 Sh. per Spindel, also

für 35,000,000 Spindeln = £ 3,937,500

1893 = 0 für die Mehrzahl der Spinnereien.

Das Lohnkapital in seinem konstanten Bestandtheil ist somit gestiegen, in seinem variablen fast verschwunden.

Aus Vorstehendem erhellt, daß die Thatsachen sich auch hier ganz anders gestaltet haben, als sie nach der Theorie von Marx und nach seinen immanenten Gesetzen sich hätten gestalten müssen.

## Fünfter Brief.

Vor 1½ Jahren habe ich in einer Monographie den großen Lockout der Spinnereibesitzer in Oldham von 1892/93 behandelt; sie ist nicht in den Buchhandel gekommen, ich habe sie für meine Kollegen, die schweizerischen Baumwollspinner, verfaßt, um ihnen das Wesen und die Bedeutung dieses Lockout darzustellen. Ich erlaube mir, Ihnen, hochgeehrter Herr Professor, folgende Ausführungen aus jener Monographie, welche auf die Akkumulation und die Reservearmee in den englischen Baumwollspinnereien Bezug haben, mitzutheilen.

1) **Die Kapitalisten werden nach Marx immer reicher, das Kapital durch die Konkurrenz der Kapitalisten unter einander bei immer weniger Kapitalisten konzentrirt.**

a) Die Kapitalisten werden immer reicher.

Es ist bereits angeführt worden, welche Verluste die Oldhamer Spinnerei in 1891 und 1892 erlitten hat, es ist dies keine singuläre Erscheinung; ähnliche Verluste waren 1877 bis 1878, sowie 1884 bis 1885 zum Vorschein gekommen. Ende 1878 hatten

138 Spinnereien kein Erträgniß oder Verlust.
7 " zahlten 1—7% Zins und Gewinn.
4 " " 4—9% " "
1 " " 10% " "

Im Jahre 1885 konnten 87 Aktienspinnereien keinen Zins zahlen und hatten noch £ 2730 Kapitalverlust; im folgenden Jahre steigerte sich für 90 Aktienspinnereien der Kapitalverlust auf £ 61,718.

Am 5. November 1892 notirte das Oldhamer Coursblatt:
4 Spinnereien pari.
13  „  pari und darüber bis 20%.
99  „  unter pari von 1 bis 150% und mehr.

Beispielsweise notirten einzelne Spinnereien:
Belgian einbezahlt 90 Sh., Notiz 13 Sh,
Equitable „ 100 „ „ 23 „,
Hey „ 60 „ „ 6 „,
New=Earth „ 70 „ „ 7 „.

Man wird sagen, daß der gegenwärtige Niedergang der englischen Baumwollspinnerei nichts als eine Krisenerscheinung sei, daß dieselbe auch früher schlimme Zeiten durchgemacht und doch sich wieder erholt habe; der beste Beweis hiefür sei die stets wachsende Spindelzahl; eine Industrie, welche sich immer mehr ausdehne, sei, wenn man einen größern Zeitraum über= blicke, doch eher im Aufsteigen, als im Niedergang begriffen. Es ist richtig, daß von 1875 an, der Epoche, von welcher man den Niedergang der englischen Baumwollspinnerei datiren kann, zwei Perioden eines gesunden Geschäftsganges sich ein= gestellt haben, von 1879 bis 1884, und von 1888 bis 1890; allein diesem Aufleben folgte jedesmal ein um so tieferer und längerer Verfall. Es ist ferner richtig, daß die Spindelzahl seit 1875 um circa 8 Millionen Spindeln gewachsen ist. Allein letzteres beweist für die finanzielle Prosperität der englischen Baumwollspinnerei gar nichts; sie bietet vielmehr ein Beispiel, daß eine Industrie sich ausdehnen und zu gleicher Zeit in ihren Erträgnissen unter den üblichen Zinsfuß herabfallen kann.

Es ist hier nicht der Ort, dies ausführlich nachzuweisen; ich begnüge mich, auf die außerhalb der industriellen Kreise noch nicht genügend bekannte Thatsache aufmerksam zu machen, daß die englische Baumwollspinnerei seit geraumer Zeit auf dem Standpunkt steht und voraussichtlich auf demselben beharren wird, daß sie in dem gewöhnlichen Geschäftsverlauf keinen Gewinn abwirft. Der englische Spinner, welcher die Baumwolle von Hand zu Mund nach seinem Bedarf ankauft und ebenso seine Garne von Woche zu Woche verkauft, hat, wie der technische Ausdruck lautet, keine Marge mehr. Ein Beispiel mag dies deutlich machen: es sei der Baumwollpreis 4 d., die Erstellungskosten 2 d., so wird der Garnpreis nicht leicht $6\,1/16$ d. überschreiten, also nur $1/16$ d. Ueberschuß geben, was zu einer vierprozentigen Verzinsung des Kapitals nicht genügt. Nun hat der Spinner ein Mittel, diese Marge von $1/16$ zu erhöhen; er spekulirt in dem Rohstoff, der Baumwolle; er kauft dieselbe auf Termine ein und spekulirt auch bei den Garnverkäufen, indem er Garne blanco verkauft und sich bei sinkenden Baumwollpreisen mit Baumwolle deckt. Ob er richtig spekulirt hat und Gewinne realisirt, hängt heut zu Tag weit weniger von der Intelligenz und dem Wagemuth des Spinners ab, als von dem Glück, dem Zufall, welcher seiner Spekulation Erfolg verleiht. Das Glück oder der Zufall verschafft somit dem Spinner als Spekulanten Gewinn und nicht das Spinnen von Garn. Der Zufall aber kann sich auch gegen ihn wenden, alsdann kommen die Verluste zum Vorschein, von welchen in den letzten Jahren eine große Anzahl englischer Spinnereien betroffen worden sind.

Woher diese Erscheinung? Sie ist die Folge der ungenügenden Marge und diese ist die Folge der Ueberproduktion. Woher die Ueberproduktion? Von dem sinnlosen Erstellen immer neuer Spinnereien, während doch die bestehenden den Garnbedarf schon mehr als genügend decken. Und woher das sinnlose Erstellen neuer überflüssiger Spinnereien? Weil das Kapital seit Jahren derart abundant ist*), daß der Diskont zeitweise unter 1 % steht und Consols nicht einmal 2 ¾ % geben. Dies ist nichts vorübergehendes, sondern etwas stationäres. So weit das Kapital.

Und die Arbeiter? Nun diese sind stark genug, ihren Lohnbesitzstand zu behaupten. Ihr gegenwärtiger Lohn gilt ihnen als ein Minimallohn, welcher nur steigen kann, nicht fallen darf. Die Kapitalverluste der Fabrikanten gehen sie nichts an; so wie dieselben aber verschwinden und die Fabrikanten wieder mit Gewinn arbeiten, werden sie ungestüm Antheil an dem Gewinne in Form von Lohnerhöhung verlangen und solche auch durchsetzen.

b) Der Reichthum konzentrirt sich zuletzt in einigen wenigen Händen.

In der englischen Baumwollspinnerei hat eine Diffusion des Kapitales stattgefunden, wie in keiner andern Industrie, die Spinnerfürsten verschwinden allmählig, um den Aktienspinnereien Platz zu machen. Eine große Anzahl Privatspinnereien sind in Aktiengesellschaften umgewandelt, neue Spinnereien seit 1878 meist in Form von Aktiengesellschaften gegründet worden. Die Aktien sind auf £ 5—100 gestellt, mit Einzahlung von etwa £ 3—70.

---

*) Die Abundanz des Kapitals ist zur Zeit nur zum kleinsten Theil die Folge der Akkumulation des Kapitals im kapitalistischen Waarenproduktionsprozeß; sie ist großentheils entstanden durch das Freisetzen enormer Kapitalien in Folge des gewaltigen Preissturzes einiger Weltkonsumtionsartikel. Das im Baumwollhandel angelegte Kapital ist heute um mindestens £ 30 Millionen kleiner als vor vier Jahren; es ist um die Hälfte gefallen. Ein Theil dieses disponibel gewordenen Kapitals ist in neuen Unternehmungen, neuen Maschinen, in Werthpapieren angelegt worden, der vielleicht größere Theil aber liegt unverzinslich oder zu 1 bis 2 % verzinslich in den Banken. Ein noch größeres Kapital wurde durch das Sinken der Getreidepreise frei gesetzt.

Wer ist nun Aktionär? Ohne Zweifel eine Anzahl reicher Leute; aber weit mehr noch der Mittelstand und die kleinen Leute; man kann sagen: ganz Lancashire ist Aktionär. In den Städten namentlich die Eigenthümer von Grund und Boden, die Gewerbetreibenden, welche von den Arbeitern und Fabrikanten leben, die vielen Lieferanten der Spinnereien u. s. w. Zum Beweis der Diffusion des industriellen Kapitales sei eine Liste von 86 Oldhamer Spinnerei-Verwaltungsräthen mitgetheilt, also von Leuten, welche, um diese Stelle zu bekleiden, eine Anzahl Aktien besitzen müssen. Es sind:

| | |
|---|---|
| 6 Abganghändler | 2 Schulmeister |
| 8 Spinner (Fabrikanten) | 1 Lederfabrikant |
| 2 Krämer | 2 Spinner (Arbeiter) |
| 2 Hutfabrikanten | 3 Spinnereisaalaufseher |
| 1 Kohlenhändler | 1 Färber |
| 2 Sekretäre | 1 Zollstabmacher |
| 15 Oberaufseher | 2 Geschäftsreisende |
| 5 Makler | 1 Angestellter i. e. Gütermagazin |
| 1 Lieferant | 2 Zeitungsschreiber |
| 2 Maschinenwärter | 1 Mechaniker |
| 5 Garnverkäufer | 1 Zollbeamter |
| 1 Kassier | 1 Arzt |
| 15 Gentlemen | 1 Wollenkrämer |
| 3 Maschinisten | 1 Gemüsehändler |

Arbeiter sind selten Aktionäre; während des Strike von 1885 gab ein Arbeiterführer an, es befänden sich nur etwa 600 Aktien im Besitz von Arbeitern; sehr begreiflich: der Arbeiter kann nicht höheren Lohn und kürzere Arbeitszeit verlangen, wenn er als Aktionär am Gegentheil interessirt ist; er kann auch nicht gegen sich selber striken, noch sich selbst durch Lockout zur Spinnerei hinauswerfen. Dagegen haben die Arbeiter-Vereinigungen kein Bedenken, einen Theil ihrer Kassenbestände als Darlehen den Spinnereien anzuvertrauen\*); sie bekommen von denselben 1—2 % mehr Zins als von den Sparkassen.

In der englischen Baumwollspinnerei ist somit die Diffusion des Kapitales zur Regel, die Konzentration des Kapitales zur Ausnahme geworden. Das kleine Kapital wird von dem großen nicht aufgesaugt, es besteht als Theil eines großen Kapitales neben dem von einem Einzelnen besessenen großen Kapital.

### 2) Die industrielle Reservearmee.

Zwei Kardinalgesetze hat der moderne Sozialismus aus der Entwicklung der kapitalistischen Produktion herauskondensirt, beziehungsweise in dieselbe hineingetragen:

Das eherne Lassalle'sche Lohngesetz;

Das Marx'sche Gesetz der industriellen Reservearmee.

Beide Gesetze wurden als die Säulen des sozialistischen Lehrgebäudes proklamirt, eine derselben ist aber bereits geborsten und gefallen. Marx hat das Lassalle'sche Lohngesetz nie anerkannt und kürzlich haben die deutschen Sozialisten, nachdem sie etwa siebzehn Jahre lang dasselbe als Glaubenssatz festgehalten hatten, es als Irrlehre in Acht und Bann gethan. Um so mehr klammern sie sich an das Gesetz der industriellen Reservearmee. Marx lehrt: Die Maschine als Arbeitsmittel wird zum Konkurrenten des Arbeiters, ersetzt, ja erschlägt ihn; je vollkommener die Maschine, desto mehr Arbeiter setzt sie außer Thätigkeit, von denen nur die kleinere Zahl anderweitige Be-

---

\*) Die englischen Arbeiter legen von ihren Ersparnissen weniger in die Sparkassen, als ihre kontinentalen Kollegen; dafür zahlen sie im Vergleich zu denselben enorme Beiträge in ihre Kassen, welche in erster Linie Kranken-, Invaliditäts- und Unfallversicherungskassen sind und nur eventuell als Strikekassen funktioniren.

schäftigung finden kann; die größere, immer wachsende Zahl der unbeschäftigten Arbeiter bildet die industrielle Reservearmee, welche den kapitalistischen Industriellen zu Gebote steht, damit diese jederzeit nicht allein ihren Bedarf an Arbeitern aus ihr schöpfen, sondern die ihnen auch ermöglichen soll, die Arbeitszeit der beschäftigten Arbeiter zu verlängern und die Löhne herabzudrücken. Die industrielle Reservearmee macht somit eine Besserung der Lage des Arbeiters unmöglich. „Die Verdammung eines Theiles der Arbeiterklasse zu erzwungenem Müssiggang durch Ueberarbeit der andern wird Bereicherungsmittel der einzelnen Fabrikanten"*), ferner: „Die Accumulation von Reichthum auf dem einen Pol ist also zugleich Accumulation von Elend, Arbeitsqual, Sklaverei, Unwissenheit, Brutalisirung und moralischer Degradation auf dem Gegenpol".

Aber wo war denn während des letzten großen Lockout die englische Reservearmee? Antwort: Sie war nirgends zu finden, einfach weil sie nicht vorhanden war. Wäre sie vorhanden gewesen, so hätten die Oldhamer Fabrikanten gar nicht nötig gehabt, mit ihren Arbeitern wegen 5% Lohnherabsetzung zu habern, sie hätten denselben einfach gekündigt und ihren Bedarf aus der Reservearmee der Spinnerei, oder anderer Textilindustriezweige genommen. Aber es waren keine unbeschäftigten Arbeiter vorhanden, oder nur so wenige, daß man mit ihnen nur einige wenige Spinnereien hätte betreiben können. Dabei ist wohl zu bemerken, daß während des Lockout keinerlei Zwang von den Arbeitern gegen solche ausgeübt wurde, welche arbeiten wollten; Furcht konnte daher etwaige Reservisten vom Eintritt in die Arbeit nicht abhalten.

Wir Praktiker wissen, daß eine industrielle Reservearmee nicht existirt. Die schweizerischen Baumwollspinner haben heute

---

*) Marx I, 656.

wohl 25% weniger Arbeiter, als etwa 1876; sie können aus Erfahrung bezeugen, daß sie in der Regel auf ein knappes Arbeiterangebot beschränkt sind; ebenso ist bekannt, daß auf Errichtung mancher Fabrik verzichtet wurde, weil man voraussah, man werde keine Arbeiter oder nicht in genügender Anzahl finden.

Es ist nicht meine Aufgabe, den Nachweis zu führen, daß bei der stets fortschreitenden Entwicklung der Technik zwar Arbeiter durch die Maschinen ihre Stelle verlieren, dafür durch tägliche Aufstellung neuer Maschinen und durch neue Industriezweige, Vermehrung der Transportanstalten und Ausdehnung des Handels wieder Anstellung finden, in und außer Europa.

Das Marx'sche Gesetz der industriellen Reservearmee ist ein theoretischer Irrthum.

Einen gültigen Beweis für die Existenz der industriellen Reservearmee in England hat Marx nicht erbracht. Er erwähnt die verschiedenen Krisen, welche bis 1863 die englische Baumwollindustrie in Mitleidenschaft gezogen haben; damit ist aber weiter nichts bewiesen, als daß es Zeiten gegeben hat, da in der englischen Baumwollindustrie eine mehr oder minder große Anzahl Arbeiter zeitweise außer Arbeit gesetzt wurde. Zudem wird es Marx und seinem Herausgeber Engels nicht entgangen sein, daß die Handelskrisen in England seit siebenzehn Jahren weit weniger akut auftreten als früher; sie rasen nicht mehr mit der Gewalt eines Sturmes über das Land, noch bringen sie die Produktionsthätigkeit zu einem vollständigen Stillstand. Sie sind mehr chronischer Natur, dauern länger, haben aber immer weniger Einstellen der Produktionsthätigkeit zur Folge; sie wirken zunächst auf das Kapital zurück, indem sie dasselbe vermindern, weit weniger auf die Arbeiter, welche auch bei Kapitalverlust von den Fabrikanten weiter beschäftigt werden, bis der steigende Nothstand letztere zur theilweisen Einstellung der Produktionsthätigkeit zwingt.

Wenn eine industrielle Reservearmee in irgend einem Industriezweige in England wirklich bestünde, so hätten Marx oder sein Herausgeber eine solche ohne große Schwierigkeit nachweisen können.

Marx prophezeite 1867 in der ersten Auflage des Kapitals den baldigen Zusammenbruch der kapitalistischen Produktionsweise in Folge der rapiden Vermehrung der industriellen Reservearmee und des dadurch herbeigeführten steigenden Elendes der englischen Arbeiter. Wir schreiben heute 1894; die englische Baumwollspinnerei befindet sich gegenwärtig in der denkbar schlimmsten Lage, aber die Existenz einer Reservearmee der englischen Spinnereiarbeiter ist auch heute nicht erwiesen.

Nun lassen Sie mich, hochverehrter Herr Professor, von Marx Abschied nehmen; das von mir in Aussicht genommene Programm ist erschöpft. Sie werden in diesen Briefen den Einfluß Ihres Systems der Sozialpolitik erkennen. Ob die Briefe auch einen Beitrag zur Richtigstellung einzelner von Marx behaupteter Thatsachen und zur Erkenntniß seiner Theorien zu geben vermögen, stelle ich Ihrem und dem allgemeinen Urtheil anheim.

Zürich, im Dezember 1894.

Friedrich Bertheau.